마음이 풍랑을 만나면

마음이 풍랑을 만나면

흔들리는 직장인을 위한 마음챙김

초판 1쇄 인쇄 2023년 6월 23일
초판 1쇄 발행 2023년 7월 10일

지은이 신상원
펴낸이 김효형
펴낸곳 (주)눌와
등록번호 1999.7.26. 제10-1795호
주소 서울시 마포구 월드컵북로16길 51, 2층
전화 02-3143-4633
팩스 02-3143-4631
페이스북 www.facebook.com/nulwabook
인스타그램 www.instagram.com/nulwa1999
블로그 blog.naver.com/nulwa
전자우편 nulwa@naver.com
편집 김선미, 김지수, 임준호
디자인 엄희란

책임편집 김지수
표지·본문 디자인 엄희란
본문 일러스트레이션 엄희란

제작진행 공간
인쇄 더블비
제본 대흥제책

ISBN 979-11-89074-58-6 (03180)

흔들리는 직장인을 위한 마음챙김

마음이 풍랑을 만나면

눌와

들어가며

마음이 큰 풍랑을 만났던 저의 20대, 마음챙김 명상으로 스스로를 치유한 이야기에서 시작해 볼까 합니다. 저는 '조직문화 테라피스트', 그리고 '내면 리더십 코치'라는 이름으로 업을 하고 있습니다. 조직의 리더들과 구성원들이 일과 삶에서 만나는 많은 문제들을 스스로 해결할 수 있도록 도와주는 코칭과 컨설팅을 수행해 왔습니다. 마음챙김 명상은 그 일의 가장 중요한 도구 중 하나입니다. 이 책에서 왜 마음챙김이 직장인들에게 그렇게 중요한 일과 삶의 도구가 될 수 있는지, 그 이유에 대해 이야기하고자 합니다.

하지만 사실 저는 명상을 가르칠 만한 전문가는 아닙니다. 다만 명상을 만날 수 있도록 안내하는 작은 역할을 할 뿐입니다. 그저 평범한 직장인이었던 제가 마음챙김 명상을 만나 저를 치유하고 일과 삶의 변화를 가져왔던 것처럼 말이죠.

일 중독자였던 나, 공황장애를 겪다

벌써 20년이 넘은 이야기네요. 20대 후반의 저는 공황장애와 신경과민, 그리고 이름도 희한한 청각과민이라는 진단을 받았었습니다.

20대 후반, 직장생활 2~3년 차였을 거예요. 저는 소위 '일 중독자'였습니다. 회사에서 인정받고 싶었고, 목표를 초과 달성하고자 열심히 달렸습니다. 지금도 기억하는데, 함박눈이 내리던 크리스마스에 아무도 없는 사무실에 나와서 일했을 정도였으니까요.

그러던 어느 날이었습니다. 사무실 책상 앞에서 이리저리 고민을 하며 문서 작업을 하고 있었는데, 갑자기 심장이 말할 수 없이 쿵쾅거리며 숨이 쉬어지지 않았습니다. 사지가 마비되는 느낌과 함께 '아, 곧 죽겠구나' 하는 공포가 엄습해 왔습니다. 옆자리의 선배에게 나 좀 살려달라고 하며 병원 응급실에 실려갔습니다. 병원에서 이것저것 검사를 해보았지만, 아무 이상이 없고 과로 때문인 것 같다는 이야기만 들었습니다.

이렇게 병원 응급실을 가는 일이 몇 번 반복되었습니다. 그럴수록 제 불안은 커져만 갔죠. 사무실에서, 극장에서, 길을 걷다가, 버스나 전철 안에서, 사람을 만날 때…. 이렇게 공포와 불안에 주저앉는 일이 계속 생겼지만, 정밀 검사를 해도 제 몸에는 이상이 없었고, 결국 정신과에서 공황장애와 신경과민이라는 진단을 받게 되었죠. 처방 받은 약은 일시적 효과만 주었습니다. 공포와 불안이라는 급류에 휩쓸리는 마음의 바다를 잠시 잔잔하게 만들었으나, 이내 더 급격한 폭풍우가 몰아쳤죠. 결국 저는 휴직을 택할 위기에 놓였습니다.

마음챙김으로 스스로를 관찰하다

마음챙김 명상을 하기로 한 건, 직장생활을 중단할 수 없다는 절박함 때문이었을까요? 참고로 저는 종교학을 전공하였기에, 1990년대 초반에 우리나라에는 무척 생소했던 마음챙김(위파사나) 명상을 이론으로나마 접할 수 있었습니다. 마음챙김 명상의 핵심은 몸에서 일어나는 현재 느낌에 주의를 두고 관찰하는 것입니다. 이건 일상에서도 얼마든지 가능한 방법이었으니까요. 저는 직장생활을 그만두고 싶지 않았습니다. 회사생활 틈틈이 선원[1]에 다니면서 마음챙김 명상을 수행하였습니다. 그리고 저의 일상에서 최대한 적용하기로 하였습니다. 몸에 닻을 내리고 몸에서 일어나는 현상을 알아차리기로 하였습니다.

마치 남의 몸을 보듯이 몸의 느낌을 관찰하기 시작하였습니다. 갑자기 불안이 덮쳐오고 심장이 쿵쾅거리면 바로 알아차리고, 가슴 부근에 주의를 기울여 있는 그대로 관찰을 하였습니다. '심장이 뛰는구나, 쿵쾅쿵쾅 아래위로도 옆으로도 뛰는구나…' 혹은 '심장이 뜀, 심장이 뜀' 하고 이름을 붙이면서요. 오른손이 저려오고 마비가 되면 오른손에 주의를 보냈습니다. '저림, 저림, 차가움….' 이렇게요.

많이 실패도 했었죠. 특히 엄청나게 큰 불안이 덮쳐올 때 그랬습니다. 그때는 '불안, 불안, 불안…'이라고 하며 '이것이 불안이라는 것이구나', '몸에 이러한 현상이 생기는구나' 하며 관찰을 하려고 노력했습니다. '불안하고 두려워하는 나'도 있었지만, 그것을 '알아차리고 관찰하는 나'도 있었습니다. 이 관찰자가 조금씩 힘이 생기자, 차차 공황이 몸에서 일어나고 사라지는 과정을 조금씩 '지켜볼 수' 있게 되었습니다.

공황 발작에 대한 두려움이 점차 완화되기 시작했습니다. 예전에는 공황 증세가 나타나면 '난 이제 죽는구나', '약이 어디 있지?', '주위에 누구 없나?', '비상구가 어디지?' 하는 생각이 저를 온통 지배했다면, 이제는 망상 이전에 몸의 감각에 먼저 닻을 내리기 시작하였습니다. 점차 공황 불안이 나타나는 횟수가 줄어들었습니다. 드물게 수개월에 한 번 정도 나타나다가, 1년 이후부터는 완전히 사라졌습니다.

보통의 직장인이었던 제게 어느 날 닥친 마음의 병을 치유한, 아니 그것이 스스로 몸에서 사라지게 한 것은, 특별한 능력이나 지식이 아니었습니다. '몸과 마음에서 지금 일어나고 있는 현상을 알아차리는' 아주 단순하고도 쉬운 작업이었습니다. 이것이 제가 경험한 '보통의 명상'이었습니다. 그 후 마음챙김 명상은 저의 일과 삶을 도와주는 좋은 친구가 되었습니다.

저의 직장생활은 많이 달라졌습니다. 스트레스로부터 회복이 빨라졌고, 미래보다는 현재에 충실하게 되었습니다. 주어진 일을 즐기게 되었고, 사람들에게 보다 공감하게 되었으며, 무엇보다 저 자신과 사람들에게 의미 있는 일을 하게 되었습니다. 몇 년 후, 기업문화를 근본적으로 변화시키는 큰 성과를 낼 수 있었고, 이후 더 의미 있는 일을 하기 위해 퇴사를 하고, 책[2]을 펴냈습니다. 그리고 제가 경험한 것을 나누고 싶어 배움을 위해 떠났습니다. 바로 마음챙김 명상의 고향, 인도와 미얀마였습니다.

마음챙김 명상 혁명?

번아웃 증후군, 타임푸어, 감정노동, 미래에 대한 불안, 일의 의미 상실, 세대 갈등….

그로부터 십수 년이 넘는 시간…. 조직의 문화를 변화시키고 리더십 코칭을 해오는 동안 이러한 안타까운 현상을 늘 접하여 왔습니다. 소위 '증후군'의 수는 날로 늘어가고, 신음하는 목소리의 주인공들은 대부분 직장인들입니다. 마음챙김 명상에 기반한 워크숍과 코칭을 통해 적지 않은 사람들이 일과 삶에서 당면한 이런 문제들에 대한 치유와 해결책을 찾고 있습니다. 마음챙김 명상으로 기를 수 있는 태도가 조직에 있는 리더와 구성원들, 그리고 조직의 문화까지 변화시킬 수 있음을 확인하게 되었습니다.

최근 많은 기업들에서도 직원들의 스트레스 완화와 업무 생산성을 위해 명상 프로그램을 도입하고 있음을 볼 수 있었습니다. 한국에서는 대기업들이 선두에 있습니다. 삼성, LG, SK 등 대기업들은 명상을 위한 힐링 센터와 연수원을 건립하여 운영 중이고, 다른 여러 대기업들도 리더십 프로그램과 신입사원 연수에 마음챙김 명상을 도입하고 있습니다.

사실 기업에 마음챙김 명상을 본격적으로 도입한 것은 미국의 실리콘밸리가 먼저입니다. 세계 최고의 기업 구글은 2007년에 사내에 '내면 검색'이라는 명상 프로그램을 도입하였습니다. 명상이 심신 안정과 휴식에만 그치는 것이 아니라 리더십, 생산성 향상, 창의력 증진 등 인적 관리 차원에서 효과가 있음을 데이터로 증명해 냈습니다. 애플, 페이스북, SAP 등 IT 기업뿐 아니라 차갑고 냉정해 보이는 골드만삭스 같은 금융 기업들, 그리고 P&G, 나이키 등 전통 제조 기업에서도 명상 프로그램을 운영하고 있습니다. 실리콘밸리에서는 매년 위즈덤 2.0이라는 명상 컨퍼런스가 열립니다. 코로나 이전인 2019년에는 2500명의 학자와 기업가들이 참여했다고 합니다.

이는 뇌신경과학계와 심리학계, 정신의학계의 활발한 연구 성과와도 연관이 있습니다. 지난 5년 간 미국에는 연평균 1200건 이상의 명상 관련 과학 논문이 쏟아져 나와 명상의 과학적이고 임상적인 효과를 입증해 냈습니다. 스티브 잡스와 빌 게이츠, 오프라 윈프리 같은 유명 인사들이 명상을 성공의 요인으로 꼽은 것도 큰 영향을 미쳤을 것입니다. 회원 수 3천만 명을 넘어선 명상 앱들도 생겨났습니다. 가히 '마음챙김 명상 혁명이 일어났다'[3]고 할 정도입니다.

그런데 말이죠, 왜 평범한 직장인들에게는 딴 세상 이야기로 들릴까요? '마음챙김 명상 혁명'은 일어났는데, 우리에게는 아직 먼 현실로 느껴집니다. 한편에서 여전히 명상은 '특별한 수행자'들의 종교적이고 성스러운 활동으로 보거나, 또 한편에서는 오히려, 명상이 화려한 비즈니스나 스티브 잡스의 키노트 프레젠테이션처럼 스마트폰 앱이나 유튜브로 관람하는 쇼가 되어버린 느낌마저 줍니다.

"직장인을 위한 명상 강의를 만들면 어떨까요?"

이 책의 시작 역시 어느 평범한 직장인의 제안이었습니다. 저희가 진행하는 워크숍 프로그램에 참가하셨던 중소기업 여성 관리자분의 열정적 기획이 있었습니다. 마음챙김 명상에 대한 온라인 강의 시리즈를 같이 해보자는 이야기를 전하였는데, 저는 좀 의아했습니다.

"명상 수행이 깊은 큰스님들과 교수님들, 그리고 정신과 의

사들이 계신데, 그분들을 모시는 게 좋지 않을까요?"

"젊은 '직장인을 위한' 명상이 필요합니다."

따옴표를 붙인 '직장인을 위한'이라는 말에, 제가 할 수 있는 역할이 있겠다 싶었습니다. 그것은 단지 위로와 공감의 말 혹은 소위 '힐링'이나 긍정적 사고법 같은 것은 아니었습니다. 그건 단시간의 효과만 있을 뿐이었습니다.

지금까지 많은 코칭과 워크숍을 진행해 오며 직장인에게 꼭 필요한 것은 '내면의 리더십'을 기르는 것이라는 발견을 하였습니다. 그들을 정의 내리려 하고(그것이 'MZ 세대'이건, '꼰대'이건), 조직문화와 개인의 가치와 역할에서 갈등과 혼란을 느끼고, 정보의 과잉 속에서 이리저리 흔들고 편 가르고, 불안과 공황장애와 분노와 혐오가 만연하고, 일과 삶 중 하나를 선택하도록 하고(삶을 중요시하라고 하건 조직에 충성하라고 하건), 자신보다는 외부 환경에 좌우되는 현실에서 가장 중요한 것은 '마음의 운전대를 잡는 것'이었습니다.

그리하여 중소벤처기업진흥공단 사이버 연수원과 함께 〈마음챙김으로 개발하는 내면의 리더십〉이라는 일련의 온라인 강의[4]를 선보이게 되었습니다. 직장인들이 행복하게 일과 삶을 영위할 수 있도록 도움을 주기 위한 기획이었습니다.

그리고 2년의 시간이 흐르는 동안, 중소벤처기업진흥공단 사이버 연수원의 인기 강의로 자리 잡게 되었고, 많은 직장인들이 높은 평점과 함께 후기를 통해 스트레스와 감정에 대한 관리, 일과 삶을 균형 잡게 가져가는 데에 도움을 받았다는 말을 전해주고 있습니다.

이 책은 〈마음챙김으로 개발하는 내면의 리더십〉 강의의 내용을 기본 토대로 하였습니다. 책이라는 아날로그 형식은 때로는 영상보다 더 생생하게 강의의 현장을 전달할 수 있다고 믿습니다. 무엇보다 천천히 호흡을 따라갈 수 있기에 책을 읽는 행위 자체가 일종의 명상이기도 합니다. 이 책은 읽으면서 바로 명상을 실습할 수 있도록 구성하였습니다. 책을 통하여 더 많은 사람들에게 도움을 줄 수 있기를 기대합니다.

직장인들을 염두에 두고 쓰여진 책이지만, 직장인의 범위는 그보다 넓을 것입니다. 우리 모두는 어떠한 형태로든 조직에 소속되어 있고, 일과 삶을 영위하고 있으니까요. 그동안 취업 준비생, 대학 신입생, 최고 경영자, 심리 치료사, 교사, 공무원, 지역 주민 등을 대상으로도 동일한 내용에 기반한 강의와 워크숍을 진행하였고, 그들의 삶에 긍정적 효과와 변화가 있음을 보았습니다. 특히 서울대학교 평생교육원에서 60~70대 학생(?)들의 변화와 치유를 함께한 시간들은 큰 감동으로 남아 있습니다.

책의 구성과 활용법

명상은 수천 년 지혜가 담긴 인류의 소중한 유산이자, 지금 이 시간에도 행복을 위해 수행을 하고 있는 수많은 사람들의 호흡과, 그 효과를 연구하고 있는 과학자들과 사람들을 치유하고 있는 테라피스트들의 열정이 담겨 있는 것입니다. 그렇기에 책에 최대한 그들의 마음을 같이 담고자 하였습니다.

이 책은 마음챙김 명상에 기반하여, 현대 뇌과학과 심리학의 성과, 그리고 여러 다양한 심리 치유와 리더십 이론을 같이 적용하고 있습니다.

처음부터 책의 안내와 함께하는 것이 가장 좋습니다. 일상의 문제에서부터 시작하여, 몸과 생각, 주의력, 감정 등 우리의 내면을 튼튼히 한 후, 다시 대인관계와 일과 삶의 자리로 돌아오도록 구성하였습니다.

관심 있는 주제를 먼저 선택하여 펼쳐보아도 좋습니다. 예를 들어, 감정 관리나 역할 혼란으로 어려움을 겪고 있다면, 6장 '감정에 휩쓸리지 않기'와 8장 '역할과 정체성의 혼란을 해결하기'를 펼쳐보세요.

매 주제마다 5~10분간의 명상 실습을 위한 내레이션을 실었습니다. 혼자 따라 해도 되고, 2인 1조 혹은 여러 명으로 구성된 팀이 같이 모인 시간에 명상을 안내하는 데에도 활용 가능합니다. 명상 실습을 위한 내레이션은 QR코드로 링크를 제공해 드립니다. 수시로 실습하시기 바랍니다.

매 장마다 직장과 일상에서의 활용법이 수록되어 있습니다. 회의, 대화, 업무 등에서 실질적 효과를 얻고 업무 성과도 높일 수 있으니 실제로 많이 활용하시기 바랍니다.

명상을 뇌 피트니스라고도 합니다. 운동을 하지 않으면 절대 근육이 붙지 않듯이, 명상은 꾸준히 반복할수록 튼튼한 마음 근육을 가질 수 있을 것입니다.

간단한 마음챙김 명상으로 시작해 볼까요? 바로 지금 이 순간을 알아차리면서요.

1) 허리를 곧게 펴고 나머지 몸은 편안히 이완합니다.
2) 지금, 의자와 맞닿아 있는 부분이 어떤 느낌인가요? 주의를 한번 주어보세요. 어떤 느낌인지 알아차려 봅니다.
3) 딱딱한가요? 푹신한가요? 그럼, 이름을 붙여봅니다. 딱딱함, 푹신함…. 이렇게요.
4) 좋다, 나쁘다 판단하지 말고, 그냥 관찰하듯이 어떤 느낌인지를 알아차려 봅니다. 주의가 조금 더 머물 수 있다면 좋습니다.
5) 이제 주의를 호흡에 따라 움직이는 배 부근으로 옮겨봅니다. 그냥 주의를 배 쪽으로 옮기고, 어떤 느낌인지 알아차려 보세요. 호흡에 따라 팽창… 하고… 수축… 하는 변화를 알아차리

면, 마음속으로 이름을 붙여봅니다. 팽창… 수축… 혹은 들숨… 날숨….

6) 다른 생각이 들어도 괜찮습니다. 그냥 '생각이 생겨났구나' 알아차린 후, 다시 배로 돌아갑니다. 이렇게 1분만 지속해 봅니다.

어떠셨나요? 마음이 편해지셨죠? 그럼 이제 강의를 시작해 볼까요?

차례

1

왜 마음을 챙겨야 할까?

일과 삶의
주도권 찾기

자기 주도권을 잃어버린 사회

"기술은 계속 발전하는데, 왜 일은 더 많아지지?"

소프트웨어 벤처 회사에 다니는 서른 살 김 대리가 어느 날 이런 말을 했습니다. 메일함은 비워도 계속해서 쌓이고, 휴일에도 스마트폰으로 정보를 찾고 업무를 준비해야 한다면서요. SNS로 동료와 지인들과는 늘 연결되어 있고, 동기화되는 일정표에 맞춰서 움직여야 하죠. 쉬는 시간에도 앱들은 계속 울려댑니다. 동료보다 일찍 승진했기에 여기서 주저앉을 수도 없었습니다. 김 대리는 자신에 대한 주도권과 통제력을 잃어버렸다며 너무 우울하다고 했어요.

한 취업 포털 사이트가 2030 직장인 1162명을 대상으로 설문 조사를 했는데요, 70.9%가 자신은 '타임푸어'라고 응답했다고 합니다. 시간을 뜻하는 영어 단어 time과 가난함을 뜻하는 poor가 합쳐서 만들어진 신조어인데요, 타임푸어라서 포기한 것 1위는 '체력과 건강관리'였고, 2위는 '대인관계'로 나타났습니다.[1]

미국《타임》지의 어느 기자도 이들과 꼭 같았습니다. 늘 시간 부족에 시달리고 자신을 둘러싼 외부 세계의 힘에 의해 자기 주도권을 잃어버린 듯한 기자는, 마음챙김 명상 프로그램에 참여하게 됩니다. 그리고 2014년 2월 3일《타임》지는 이런 제목의 특집 기사를 내보냅니다.

"마음챙김 혁명이 일어났다. Mindful Revolution"

그 기사의 말미에서 그는 이렇게 말했어요.

"이전에 나는 자동적으로 반응을 했다. 하루에도 수십 번씩 이메일을 확인하고 친구를 만날 때도 수시로 스마트폰을 들여다보았다. 그러나 이제 난 자동적으로 스마트폰을 보거나 이메일을 확인하지 않는다. 친구와 저녁 식사를 하다 화장실을 갈 때 뉴스나 페이스북을 읽으려는 충동을 알아차린다. 주위 환경은 변하지 않았지만 내 삶이 더 풍부해지고 중요하게 되었다."[2]

스트레스 완화와 정신적 문제의 치유, 업무 생산성과 일과 삶의 균형 등 여러 연구 기관과 기업들이 말하는 명상의 효과는 다양하지만, 공통적인 것은 하나입니다.

내면을 다루는 능력이 일과 삶의 주도권과 행복을 가져다준다는 것입니다.

이번 시간은 마음챙김 오리엔테이션 시간입니다. 어떻게 하면 마음챙김 명상을 통해 여러분의 일과 삶의 주도권을 찾고 행복을 만날 수 있을지, 그 실마리를 찾아보시기 바랍니다.

일터에서 가정에서 그리고 사회에서, 여러분들은 많은 갈등과 스트레스를 경험하실 겁니다. 그때 어떤 반응을 보이시나요?

'이건 그 사람 때문이야!', '이 사회가 문제야!', '업무가 뒤죽박죽이라 그래!' 혹은 '왜 나한테만 이런 일이!'라고 할지도 모르겠습니다. 또 업무는 많은데 집중이 안 되고 너무나 산만해서 업무 효율이 떨어지고 성과가 낮아지기도 할 겁니다. 늘 하던 대로 일하다가 아차 하는 사이에 큰 실수나 안전사고가 생기기도 합니다. 때로는 가족들이나 사회의 시선 혹은 SNS에서 다른 사람들의 평가에 너무 신경 쓰기도 하고, 이리저리 남의 시선에 휘둘리는 듯하여 자존감이 떨어질 때도 있습니다. 심할 경우 공황장애나 우울증, 대인관계 기피 등의 증상을 겪기도 하죠.

내가 나의 일과 삶을 통제할 수 없다는 느낌, 무언가 압도당한 느낌, 내가 내 삶의 주인이 아닌 듯한 기분을 느껴보셨을 겁니다. 우리의 일과 생활에 꼭 필요한 것은 어쩌면 나 자신에 대한 주도권을 가져오는 것이 아닐까요?

여러분들 중 운전하시는 분들, 많을 겁니다. 여러분의 차를 다른 누군가가 운전하고 여러분은 그 안에 타고 있다고 해보죠. 그런데 이 차가 어디로 가는지, 지금 어느 장소를 지나가는지, 연료는 충분한지, 심지어 누가 운전하는지도 모르는 상태라면 어떨 것 같으세요? 이 자동차가 '나 자신'이라고 상상해 봅시다. 나 자신을 내가 운전하는 것이 아니라, 어디로 가는지도 어떻게 가는지도 모른 채 운전대를 잡은 누군가에 의해 끌려가고 있다면요?

그럴 리 없다고요? 간단한 실험을 해보도록 하겠습니다.

1) 자, 아래의 토끼 그림[3]을 보시죠. 입과 귀 부분을 유심히 봐주세요. 토끼가 어떻게 생겼나요? 좀 검은 토끼였고, 입이 잘 보이지 않았나요? 귀가 좀 특이하게 생겼나요?
2) 그런데, 그림이 정말 토끼였나요? 부리가 있는 오리 아니었나요? 다시 한번 보겠습니다.

아주 간단한 실험이었지만, 여러분은 제가 미리 설정한 토끼라는 '틀'에 큰 영향을 받은 상태에서 그림을 보았습니다. 즉, 여러분이라는 차의 운전석에 제가 앉아 여러분을 조종한 것이라 할 수 있죠. 심리학에서는 이러한 상태를 일반적으로 '자동 조종 상태'라고 이야기합니다. '나라는 차' 안에는 수많은 운전자들이 번갈아 앉아 차를 운전합니다. 이 운전자들의 이름은 다음과 같습니다.

생각 생각은 내가 하는 걸까요? 생각은 많은 경우 의지와는 상관 없이 생겨나서는 우리를 조종합니다. 이메일을 보내려다 문득 냉장고에 식재료가 떨어졌다는 생각이 나서 인터넷 쇼핑몰에 들어가 주문을 하고 있는데, '왜 냉장고가 비도록 둔 거야?'라는 생각이 따라와 같이 사는 가족에게 화가 나서 카톡으로 불만을 주고받다 보니, 예전에 있었던 일들까지 같이 생각이 나서 따지기 위해 전화를 겁니다. 문득 이메일을 보내야 한다는 것을 다시 알아차리기까지 이미 한 시간이나 지났습니다. 마음을 차분하게 하려 산책을 갔는데, 산책에는 주의 집중이 안 되고 오후에 있을 업무 회의에 대한 생각이 떠올라 걱정이 더 늘어서 오기도 합니다. 이처럼 생각은 저절로 꼬리를 물고 생겨납니다.

과거의 기억 과거가 현재의 나를 조종하기도 합니다. 과거에 큰 사건이나 안 좋았던 일들은 수시로 마음속에 떠올라 현재의

일과 관계를 방해하기도 합니다. 교통사고나 폭력적 상황 등 트라우마적인 기억은 가끔씩 현재의 생활을 압도해 버립니다.

습관 습관은 말할 것도 없이 자동 조종자입니다. 마치 자동 반사처럼, 같은 방식으로 먹고 걷고 일하고 운전합니다. 습관적으로 스마트폰에 손이 가고 SNS 피드를 넘기곤 합니다. 유난히 가족 중 누구에게는 툭툭 내뱉는 말을 습관적으로 하기도 합니다. 특히 몸에 각인된 무의식적 동작들은 주의를 주지 않는 한 대처하기가 어렵습니다.

외부 환경 또한 우리는 외부 환경에도 자동으로 반응합니다. 반복되는 업무를 기계적으로 수행합니다. 그 반대로 사람들과 업무들로 과부하가 걸리기도 합니다. 메일함에 쌓여 있는 메일을 보아야 하고, 일정표에 따라 회의에 참가하고, 쉬는 시간에도 역시 스마트폰을 들여다봐야 합니다. 경쟁에 뒤처지면 안 된다고 하니, 무언가 배워야 한다는 불안에 시달리기도 합니다.

감정 감정은 참 통제하기가 어렵습니다. 화가 나면 '꼭지가 돕니다'. 다른 사람이라면 화낼 상황이 아닌데, 나만 유독 특정 상황에서 화를 낼 때가 있습니다. 어떤 스타일의 사람만 보면 괜히 미워지기도 합니다. 슬퍼질 일이 아닌데, 눈물이 그냥 흐르기도 합니다. 우울에 빠지면 모든 것이 하기 싫어집니다. 나도 모르게 버럭 화를 내고는 후회하는 일도 비일비재합니다.

사고 틀, 사상, 규범 등 또한 자신이 내면화한 사고의 틀이나 사회사상, 규범 등도 자동 조종자입니다. 아까 오리, 토끼 실험이 여기에 해당합니다. 하버드 대학의 심리학 교수인 엘렌 랭어Ellen Langer 박사는 이를 가리켜 '범주'라고 합니다. 예컨대 세상을 아군, 적군으로만 보는 사람은 사회적 관계에서 극단적인 선택을 저절로 하게 되는 것이죠. 남혐/여혐, 외국인 혐오 등 혐오 역시 당신을 조종하는 강한 자동 조종자일 것입니다. 인종, 국적, 중소

마음놓침	⟷	마음챙김
자동 조종		의식적 선택
습관적 반응		의식적 반응
과거의 경험에 기반		현재 상태에 기반
과거의 감정		새로운 감정
타인과 외부 환경의 영향		주체적 판단
부주의		주의
'수면 상태'		'깨어 있는 상태'
'구속'		'자유'

기업/대기업, 좌파/우파, 그리고 MZ세대/꼰대 등 세대에 대한 고정관념 등이 모두 이에 해당합니다.

엘렌 랭어 교수는 이러한 자동 조종 상태를 마음놓침 상태mindless라고 합니다.[4] 철학자 구르지예프George Gurdjieff[5]는 이런 관점에서 인간을 자동기계에 비유하였고, 그 상태를 '수면 상태'라고 하였습니다. 그렇다면, 이의 반대되는 상태, 즉 '깨어 있는 상태'는 무엇일까요?

바로 마음챙김 상태입니다. mind-less가 아니라 mind-full한 상태, 즉 mindfulness입니다. 이는 '자동 조종되는 삶'에서, 내가 '의식적으로 선택하는 삶'으로의 전환이기도 합니다. '부주의한 습관적 행동'에서 '주의를 기울이는 사려 깊은 행동'으로 옮겨 가는 일이기도 합니다.

무엇보다, 자동 조종자들로부터 삶의 통제권을 찾아와 그들에게 적절한 운전법을 가르쳐 주는 것, 즉 '내면의 리더십'을 다시 가져오는 일입니다. 그것은 내가 원하는 대로 '나'라는 자동차를 운전할 수 있는 자유이기도 합니다.

마음챙김 명상이란 무엇인가

마음챙김 명상은 '마음챙김 상태를 유지할 수 있도록 하는 방법이자 연습'이라고 할 수 있습니다.

명상은 수천 년 전부터 내려온 인류의 오래된 자기 수련 방식이었습니다. 그중 가장 핵심적인 심리적 부분을 현대 의학, 심리학과 결합하려는 시도가 20세기 후반에 미국과 유럽을 중심으로 진행이 되었습니다.

그중 가장 대표적인 것이 매사추세츠 의과대학의 존 카밧진Jon Kabat-Zinn 교수 팀이 개발한 MBSRMindfulness Based Stress Reduction 프로그램, 즉 마음챙김 기반 스트레스 완화 프로그램

마음챙김 상태	마음챙김 명상
자동조동되지 않고, 의식적으로 선택할 수 있는 상태 '자동적인 삶에서 깨어나 일상의 경험에 새롭게 주의를 기울이는 상태'	마음챙김을 연습하고 유지하는 특별한 방법 '지금 현재에 주의를 주어 알아차림'

입니다.[6] 또한 마음챙김 명상은 마음챙김 기반 인지치료MBCT, Mindfulness Based Cognitive Therapy, 변증법적 행동치료DBT, Dialectical Behavior Therapy 외에 어린이와 성인 교육, 그리고 기업 내 직원의 마음 건강, 스트레스 관리, 리더십 프로그램으로도 활용되고 있습니다.

서구에서는 마음챙김과 명상을 동의어처럼 사용하고 있어 조금 혼란을 주기도 합니다. 우리는 마음챙김을 마음놓침의 상태와 반대되는 '상태'로 정의하도록 할게요. 이에 비해 명상은 '행동'입니다. 즉, 마음챙김 상태를 유지하도록 하기 위한 일종의 연습이라고 할 수 있습니다. 비유하자면 몸의 근육이 적절하고 균형 잡힌 상태가 마음챙김이라면, 그러한 몸을 만들기 위한 피트니스가 바로 명상이라고 할 수 있는 것이죠.

전 세계의 명상 전통에는 수많은 종류의 명상법들이 있습니다. 요가 전통의 차크라chakra 명상, 태극권 등 기氣를 운용하는 명상, 만트라mantra라는 특정한 문구를 반복하는 명상, 한자리에서 계속 회전하는 월링whirling 명상, 음악과 움직임을 활용하는 춤 명상, 가톨릭의 묵상, 선불교의 화두 명상 등 셀 수 없이 많은 명상법이 있습니다. 그중 '마음챙김 상태를 위한 명상' 혹은 '마음챙김 상태를 활용하는 명상법'을 '마음챙김 명상'이라고 정의하도록 하겠습니다.

수많은 사람들이 이 시간에도 마음챙김 명상을 삶의 도구로서 사용하고 있다니, 놀랍지 않으신가요? '왜 우리만 몰랐을까요?'라고 하지 마시고, 지금부터 시작하면 됩니다. 세상에 존재하는 시간은 오직 '지금 이 순간'밖에 없으니까요. 이 부분이 바로 명상의 핵심이기도 합니다.

일반적으로 마음챙김 명상은 이렇게 정의합니다.

> "마음챙김은 '현재 순간에, 판단하지 않고, 주의를 기울여 알아차리는 것'이다."

방금 전 같이 했던 실험을, 이번에는 조금 다르게 '마음챙김'으로 해볼까요?

1) 이 그림이 토끼로 보인다면, 먼저 토끼로 바라보세요. 토끼 그림에 의도적으로 주의를 계속 둡니다. 만일 오리 그림으로 주의가 갔다면, 의도적으로 토끼로 주의를 돌립니다.
2) 이젠 눈을 잠시 풀고, 오리로 바라보세요. 오리 그림에 계속 주의를 둡니다. 토끼 그림으로 주의가 갔다면, 의도적으로 다시 주의를 오리로 돌립니다. 주의를 가능한 한 오리 그림에

머물게 해봅니다.

3) 이제 오리로 보일 때는 '아, 내가 오리로 보고 있구나' 하고 인지해 봅니다. 이렇게 지금 현재 나의 상태를 인지하는 것을 '알아차린다'라고 합니다.
4) 토끼로 보일 때는 '아, 내가 토끼로 보고 있구나' 하고 알아차려 봅니다. 이 그림은 오리인가요, 토끼인가요? 누가 맞고, 누가 틀린 건가요?
5) 이제 '오리이기도 하고, 토끼이기도 할 수 있는 것은 나의 선택이구나' 하고 알아차려 봅니다.
6) 이제 '다른 사람들도 나와 똑같이, 이 그림을 오리로도 볼 수 있고, 토끼로도 볼 수 있구나' 하고 인지해 봅니다. 오리라고 주장하는 사람과 토끼라고 주장하는 사람들 모두에게 마음을 열어봅니다.

어떠셨나요? 여러분은 아주 작은 마음챙김에, 크게 성공한 겁니다.

마음챙김의 첫째 요소는 '주의attention'입니다. 간단히 말하면, 우리가 경험하는 대상에 의도적으로 주의를 기울이는 것이라 할 수 있습니다. 어렵지 않죠? 여러분은 토끼에 주의를 기울였다가, 오리에 주의를 기울였습니다. 주의가 다른 곳으로 가면 주의를 다시 가져왔었죠. 일상에서도 이와 같이 할 수 있습니다. 하지만, 우리의 일상은 대부분 주의를 기울이지 않은 상태라는 걸 생각해 보면, 이 간단한 작업의 효과를 짐작할 수 있습니다.

두번째 요소도 A입니다. '알아차림awareness'입니다. 저울의 좌우가 균형을 이루어야 하듯, 판단하지 않고 중립적으로 '알아차리는' 것입니다. 토끼일 때는 토끼로 보고 있다는 것을 그저 알아차리고, 오리로 볼 때는 오리로 보고 있음을 있는 그대로 알아차리는 겁니다. 결국 모두를 보는 겁니다. 토끼는 토끼일 뿐이고, 오리는 오리일 뿐입니다. 좋고 싫음, 옳고 그름의 범주에 사로잡히지 않는 것입니다.

마음챙김 명상은 이처럼 '주의와 알아차림'이라는 우리의 인지 능력을 활용하여 마음챙김 상태를 일상에서도 더 유지하기 위해 수천 년간 인류가 개발해 온 놀라운 연습 방법이라고 할 수 있습니다.

마음챙김 명상을 통해 우리는 주의를 통제하는 법을 배우고 익힐 수 있습니다. 자신이 선택한 것에 집중하는 법을 배웁니다. 한쪽에 휩쓸리지 않고 있는 그대로 알아차리는 능력을 키울 수 있습니다. 내면의 균형을 가져오게 됩니다. 이를 통해 자동 조종되는 우리의 내면을 선택과 자유 쪽으로 전환할 수 있습니다. 그러면, 외부 세계에 대한 리더십도 가질 수 있게 됩니다.

마음챙김 명상은 어떤 효과가 있는가

이제 전 세계적으로 보고되는 마음챙김 명상의 효과에 대해 간략히 정리해 보겠습니다.

주의력이 증대됩니다. UCLA에서 수행한 연구 결과에 따르면, 주의력결핍행동장애ADHD를 지닌 성인과 청소년에게 마음챙김 명상 과정을 8주간 시행하니 주의력 결핍과 충동성이 놀라울 정도로 낮아졌습니다. 마음챙김 기술들은 청소년과 성인들이 보다 효과적으로 주의력을 향상하는 데에 도움을 줄 수 있다는 연구 결과도 있습니다.[7]

창의성과 업무 효율이 증대됩니다. 창의성과 혁신은 기존의 선입견으로부터 벗어날 때 가능합니다. 마음챙김 실습은 기존의 범주를 벗어나서 사고하는 연습을 하기 때문에 개인의 창의성과 조직의 혁신 가능성을 높입니다.[8]

감정조절력이 증대됩니다. 감정에 자동적으로 반응하는 횟수가 줄어들게 됩니다. 감정적 상태에 덜 쉽게 방해받고, 마음이 민감하고 유연해지며, 결과적으로 긍정적인 상태가 촉진된다는 여러 연구 결과가 있습니다.[9]

대인관계가 좋아집니다. 이는 마음챙김 명상의 균형과 공감 기능에 기인합니다. 사회생활을 하는 인간은 뇌에 있는 거울신경세포mirror neuros를 통해 타인과 공감하도록 진화하였습니다. 마음챙김 명상은 주의를 지금 현재의 상대방에게 주기 때문에, 거울신경세포를 활성화시켜 타인의 행동과 감정을 우리 몸에서 감지할 수 있게 해줍니다. 또한 주의를 상대방에게 기울이는 것 자체가 상호 존중하는 느낌을 주게 됩니다. 누군가 여러분의 이야기에 전적으로 주의를 기울이고 들어준다고 상상해 보세요.

행복해집니다. 구글의 천재 엔지니어 차드 멩 탄Chade-Meng Tan이 사내에 마음챙김 프로그램을 도입한 계기도 여기에 있었습니다. 그는 히말라야에서 오래 수행한 프랑스 승려 마티유 리카르Matthieu Ricard의 뇌 상태를 측정하였는데, 뇌에서 행복을 느낄 때 활성화되는 뇌 부위의 수치가 차트 범위 밖으로 벗어났다고 합니다. 명상이 내면의 행복과 기쁨을 크게 높인다는 것을 발견한 그는, 스탠퍼드 대학의 뇌과학자들과 심리학자, 선승, 엔지니어들과 함께 구글에 마음챙김 프로그램을 도입하였습니다.

이외에도 명상을 하면 지속되는 행복감과 관련한 신경전달물질의 분비가 촉진된다는 여러 연구 결과가 있습니다.

오늘 오리엔테이션을 마무리하며, 여러분들에게 꼭 전하고 싶은 이야기가 있습니다. 뇌에는 신경가소성neuroplasticity이라는 게 있어, 훈련을 통해 신경을 연결하는 통로가 만들어진다고 합니다. 마치 깊은 숲속에 한 사람이 반복해서 걷다 보면 길이 만들어지는 것과 같습니다. 우리의 뇌에 신경 통로가 만들어진다는 겁니다.

가소성이란 경험에 의해 변화되는 능력을 말합니다. 기타를 배우거나, 골프를 배우는 것과 같습니다. 앞으로 우리가 배울 마음챙김 명상들을 일상에서 꾸준히 해보세요. 일과 삶에 대한 주도권을 갖고 있는 여러분 자신을 발견할 수 있을 것입니다.

일 시작 전 마음챙김

(효과) 주의 전환, 긴장 해소, 집중된 환경 조성

명상 실습 내레이션

본격적인 명상 실습은 다음 시간부터 하기로 하겠습니다.

오늘은 여러분들과 함께 잠시 눈을 감고 침묵 속에서 숨 쉬는 시간을 갖도록 하겠습니다. 우리는 너무 바쁘고 분주하게 살고 있습니다. 그럴 땐 '일단 멈춤'이 중요합니다. 아주 잠시라도 침묵하며, 지금 자신이 서 있는 이 순간과 공간으로 돌아오는 시간이 필요합니다. 마음을 편히 하고, 저의 안내를 그대로 따르시면 됩니다.

1. 의자에 편안히 앉습니다. 숨을 한 번 크게 들이쉬고… 내쉽니다. 한 번 더 숨을 크게 들이쉬고 내쉬어 봅니다.

2. 마음챙김은 자세로부터 시작합니다. 그리고 호흡이 가장 중요합니다.

몸과 마음과 호흡은 서로 긴밀하게 연결되어 있기 때문입니다.

3. 꾸부정하게 어깨를 움츠린 자세를 취해보세요. 요즘 현대인들의 대표적인 자세이죠. 기분이 어떤가요? 어떤 생각이 드나요? 이를 '공포 자세'라고도 합니다. 저절로 짜증이 나고 우울해질 겁니다. 호흡을 한번 관찰해 보세요. 호흡이 매우 얕을 겁니다. 호흡이 얕아지면 두려움과 스트레스를 느끼게 됩니다.

4. 반대로 과도하게 활짝 펴고 몸에 힘을 준 자세를 취해보세요. 주먹도 꽉 쥐고 몸에 힘을 주어보세요. 소위 '쩍벌' 자세라고도 하죠? 이를 '분노 자세'라고도 합니다. 물론 아까보다는 좀 낫습니다. 회피보다는 싸우는 게 낫습니다. 지금 어떤 기분이 드나요? 화가 나거나 흥분이 될 겁니다. 늘 이렇게 경계하고 싸우려는 태도로 살아간다고 상상해 보세요.

5. 이제 몸에 힘을 빼고 편안히 이완합니다. 훨씬 낫죠? 중립적인 상태, 이완된 상태가 마음챙김 자세입니다. 단 척추는 곧게 펴야 합니다. 우리 인간은 척추동물입니다. 척추는 중심이 잡히되, 다른 곳은 이완된 자세가 인간이 가장 존엄할 수 있는 자세입니다.

   *** 척추를 펴기 위한 TIP** 손 하나를 들어 배 쪽에, 다른 하나를 들어 허리 뒤쪽으로 가져갑니다. 배와 허리에서 목까지 앞뒤로 지퍼가 달려 있다고 상상해 봅니다. 지퍼를 천천히 목까지 올립니다.[10] 그러면서 상체

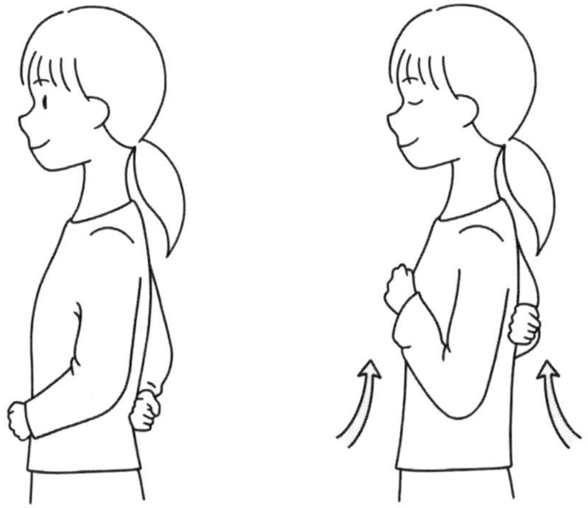

를 곧게 폅니다. 몸의 나머지 부분에는 20퍼센트 정도의 힘만 들어갈 정도로 이완합니다.

6. 얼굴 부근에 긴장이 있는지 한번 느껴봅니다. 입이 굳게 닫혔으면 입을 살짝 벌립니다. 우리는 턱 주변에 늘 긴장을 갖고 살아가고 있습니다. 턱에 긴장을 풀면 입이 저절로 살짝 벌어지게 됩니다.

7. 그 상태로 숨을 한 번 크게 들이쉬고 내쉬어 봅니다. 이제 호흡을 해보겠습니다. 호흡은 마음 상태를 만들어줍니다. 거친 호흡은 분노와 흥분의 마음을, 얕은 호흡은 두려움과 회피의 마음을 만듭니다. 천천히 편

하게 숨을 쉬어보세요.

8. 들숨은 교감신경에 연결됩니다. 교감신경은 몸을 적당히 긴장시킵니다. 이제 둘을 셀 동안 들숨을 들이쉴 겁니다. 하나, 둘…. 그리고 길게 넷을 셀 동안 날숨을 내쉽니다. 한 번 더, 들숨, 하나, 둘. 날숨은 길게…. 하나, 둘, 셋, 넷…. 계속 천천히 숨을 쉽니다.

9. 날숨은 부교감신경을 활성화합니다. 긴장을 풀어 편안함을 줍니다. 내쉬는 숨이 길어질수록 긴장은 완화됩니다. 땅바닥에 닿을 때까지 '하~~~~' 하고 긴장과 스트레스를 모두 내려놓습니다.

10. 자세와 호흡을 그대로 유지한 채 이제 1분간 '멈추고 호흡하기' 시간을 갖겠습니다. 눈을 감아도 좋고, 눈꺼풀에 힘을 빼고 부드럽게 아래를 향하도록 해도 좋습니다.

11. 천천히 호흡을 하며, 몸의 변화를 느껴봅니다. 호흡에 따라 움직이는 가슴과 배의 움직임을 그대로 느껴봅니다. 몸이 점점 더 이완되는 것을 느낄 수 있습니다. 몸에 힘을 빼고, 몸에 있는 부드러움을 느껴봅니다.

12. 그 느낌에 따라 몸 전체의 실루엣을 그려봅니다. 그리고 천천히 경계를 확장합니다. 날숨이 닿는 몸 주위의 공간을 한번 상상해 봅니다.

13. 지금 우리는 지금 이 순간에만 머물고 있습니다. 지금 이 공간에 앉아 있는 나와 그 주위를 한번 인식해 봅니다. 그리고 내가 지금 이 순간 해야 할 일을 떠올려봅니다. 지금 이 시간과, 바로 여기에서 일을 할 준비가 되었으면, 이제 서서히 눈을 뜹니다.

어떠셨나요? 마음이 편해지셨나요? 오늘 실습한 자세와 호흡은 마음챙김 명상의 가장 기본입니다. 일주일에 휴일이 있어야 다시 월요일에 일을 할 수 있는 것처럼, 업무와 업무 사이에 1분 동안 '멈추어 호흡하기' 시간을 가져보세요. 날숨에 과거를 담아 내려놓고, 다시 현재의 일을 활기차게 시작할 수 있습니다.

1 회의 시간에 앞서 1분 명상하기

회의 시작 전 스스로 1분간 마음챙김의 자세와 호흡을 유지하고 천천히 호흡을 해보시기 바랍니다. 회의실에 오기 전까지 분주했던 생각과 오기 싫어했던 마음, 노트북이나 스마트폰을 보고 있던 행동들을 모두 잠시 멈추고 회의에 몰입할 준비를 하는 것입니다. 이 작업을 시도한 대부분의 회사에서 회의의 몰입도와 효율성이 증대하였습니다.

만일 회의를 진행하거나 발표를 하는 자리라면, 참석자들을 이끌어 다 같이 아주 짧은 마음챙김 명상을 해봅니다. "회의에 조금 더 집중하기 위해서, 1분간 지금 이 회의실로 마음을 돌아오게 하는 시간을 갖겠습니다"라는 말로 이끄는 것도 좋습니다. 이는 인류의 많은 의식 행위에서, 시작 전 침묵의 시간을 갖는 것과 같은 이치입니다. 효과가 있으면, 다른 동료나 리더들과도 함께 해보세요. 조직이나 기업의 회의 문화로 정착될 수 있을 거예요.

2 이메일에 1분간 마음챙김하기

우리는 메시지를 보내거나 읽을 때 메시지 전체를 정확하게 이해하지 못하고 일부분만 읽고 오인하게 되는 경우가 종종 있습니다. 이럴 때는 메시지를 보내기 전 30초간 멈추고 호흡하기를 해봅니다. 눈을 감아도 되고 떠도 괜찮습니다. 날숨과 함께 메시지를 받을 사람을 떠올려봅니다. 내가 충동이나 자동 반응적으로 이메일을 보내는 건 아닌지 돌아보세요. 꼭 보내야 하는 메일인지, 나와 받는 사람 모두에게 도움이 되는지도 긴 날숨과 함께 이완하면서 떠올려봅니다. 이메일을 열어볼 때에도 같은 방식으로 30초간 호흡을 하며 천천히 읽어보세요. 단 1분의 마음챙김 명상이 이메일과 메시지의 자동 조종 모드를 완화시켜 줄 수 있습니다.

3 '토끼와 오리'로 상황을 보기

일상에서 벌어지는 여러 사건이나 의견들을 접할 때 오늘 배운 '토끼와 오리'를 떠올려보세요. 모든 일에는 양면성이 있고, 모든 의견은 그 사람의 내면과 관계가 있습니다. 특히 갈등 상황이 벌어지면, 자동적으로 반응하지 말고, '아, 나는 토끼를 보고 있는데, 저 사람은 오리를 보고 있구나'라고 알아차려 보세요. 혐오가 주는 불편함과 불안함을 극복하고, 우리의 시야를 넓혀주는 동시에 사람들과의 관계에 크게 영향을 받지 않게 되고, 관계를 원활하게 만들 수 있습니다.

자극과 반응 사이에는 공간이 있다

제2차 세계대전 당시 아우슈비츠의 고통을 감내하고 극적으로 생환한 심리학자 빅터 프랭클Viktor Frankl은 실존적 심리치료 기법인 로고테라피를 창시해 전 세계의 수많은 사람들을 치유하였습니다. 그는 이렇게 말합니다.

"자극과 반응 사이에는 공간이 있다."

그는 극한 상황에서도 외부 상황에 자동 반응하지 않았습니다. 마음의 공간을 마련하고, 스스로 반응을 선택하였습니다. 죽음이 코앞에 있음에도 존엄한 삶을 살았습니다. 그는 우리들에게 말합니다.

"그대를 절벽 끝으로 내모는 것은 상황이 아니라, 그대 자신이다."

자동 조종되는 삶에서, 주체적인 선택의 삶으로 전환하는 것, 그것이 바로 마음챙김입니다.

2

어떻게 마음을 챙겨야 할까?

스트레스로부터 안전지대 만들기

스트레스와 공황의 시대

요즘 너무 안타까운 소식이 자주 들려옵니다. 얼마 전 공황장애로 활동을 중단하거나 자살을 시도한 연예인 소식이 있었죠. 전철 기관사들의 잇따른 자살 소식, 기러기 아빠의 애틋한 사연 등에서 공황장애라는 말을 자주 들을 수 있습니다. 현대 의학에서는 공황장애를 '지속적인 공황 발작과 그에 수반되는 예기불안'이라 통칭하고 있는데 요즘 일반 직장인들에게도 쉽게 찾아올 수 있는 증상인 것이 분명해 보이네요.

취업 포털 인크루트는 2016년에 20~30대 1254명을 대상으로 공황장애를 겪은 적이 있는지에 대해 조사했는데요, 놀랍게도 학생과 취업준비생의 50%, 직장인의 61.9%가 공황장애를 겪어본 적이 있다고 응답했답니다. 공황장애의 원인은 뭐라고 답했을까요? 취업준비생과 직장인이 달랐습니다. 취업준비생은 '취업을 준비하며 갈수록 무기력해질 때'(38.8%)를 1순위로 답했고, 다음은 '자존감이 낮아졌을 때'(28.9%)였습니다. 직장인은 '대인관계가 힘들어서'(32.6%)를 공황장애의 1순위 원인으로 꼽았고, 이어서 '맡은 바 업무가 고되어서'(26.4%), '회사생활을 감내하자니 체력이 달려서'(20.7%)가 뒤를 이었답니다.

공황장애로 인해 겪는 가장 큰 어려움은 바로 대인관계에서의 어려움입니다. 업무 성과 저하, 직장 트라우마 등 직장 관련 이슈도 상당 부분 차지했는데요, 극도로 심할 경우에는 집중력 저하, 수면 장애, 우울증 등 신체적 문제들이 동반된다고 답했습니다. 흥미로운 것은 직장인의 경우입니다. 대인관계가 힘든 것이 원인 중 1순위인데 그로 인한 가장 큰 어려움도 대인관계라 답했네요. 그만큼 직장인에게 조직생활은 중요한 무게로 다가오는 것으로 보입니다.[1]

사실 취업준비생과 직장인의 답은 그리 다르지 않습니다. 모두 내 의지로 어찌할 수 없는 상태, 그리고 자존감과 관련되니까요. 공황의 증상 역시 다르지 않습니다. '불안감, 공포감'(33.9%) 역시 모두 마음을 스스로 챙길 수 없는 상황입니다.

직장생활에서, 그리고 삶에서, 스스로 마음을 챙길 수 없는 상황에서, 이처럼 마음이 덫에 걸려버리지 않기 위한 방법은 없을까요?

마음의 특성은 방황하는 것이다

마음은 생각의 바다 위에 떠다니는 배와 같다고 합니다. 우리는 끊임없이 생각하며 과거나 미래로 흐릅니다. 마음도 그에 따라 과거와 미래로 요동을 칩니다. 즉, 우리 인간의 뇌는 원래 산만하기

그지 없다는 말입니다.

그럴 리가 없다고요? 여러분과 함께 작은 실험을 하나 해보겠습니다. 지금 책을 읽는 것을 멈추고, 딱 10초만 가만히 있어보세요.

…

여러분은 무슨 생각을 했나요? 갑자기 이야기를 멈추니 불안하지는 않으셨나요? 커피 한잔해야겠다고 생각하셨나요? 책을 읽다가 갑자기 멈추라 하니 이게 뭐하는 거지? 이렇게 생각하셨나요? 습관적으로 스마트폰으로 손이 가지는 않으셨나요? 하다만 일이 생각나진 않았나요? 며칠 전 실수로 잘못한 말에 대해 후회하진 않으셨나요? 내일 있을 발표 걱정에 한숨이 나오진 않았나요? 어쩌면 책으로 돌아오지 못하고, 아직 다른 생각에 빠져 있을지 모르겠네요.

단 10초 안에 벌어진 일입니다. 이처럼 마음은 단 한순간도 머물지 않고 끊임없이 과거나 미래로 향합니다. 어제 일에 대한 후회나 예전에 한 행동에 대한 죄책감, 미래에 대한 상상으로 불안과 근심을 만들어냅니다.

물론 진화심리학의 관점에서 볼 때, 인간이 가진 생각의 능력이야말로 과학과 철학을 발달시키고 다른 동물들보다 우월한 존재가 될 수 있게 한 힘일 겁니다. 그러나 호모 사피엔스*Homo sapiens*, 즉 '생각하는 사람'인 우리의 사고 능력은, 인간이 자신을 괴롭히고 파괴하는 힘이 되기도 하였습니다. 자신의 생각으로 자신을 파괴하는 동물은 오직 인간밖에 없을 겁니다.

생각의 바다에 폭풍우가 칠 때면 마음은 심하게 동요하게 됩니다. 어디로 가는지도 모른 채 휩쓸리다 마침내 암초에 부딪혀 버립니다. 그때마다 스트레스가 쌓입니다. 그러다가 마침내 큰 암초를 만납니다. 불안장애, 공황장애, 대인 기피, 우울증 등은 마음이 큰 암초에 걸려버린 상태의 다른 이름입니다. 마음의 방황은 단지 마음의 고통에만 머물지 않습니다. 우리가 앞서 본 것과 같이, 대인관계와 직장생활에 심각한 영향을 줍니다.

몸에 닻을 내려 마음챙김하기

그렇다면 폭풍우 치는 바다를 떠도는 마음은 어디에 '닻'을 내려야 할까요?

바로 우리의 몸입니다. 몸이, 마음의 안식처입니다. 호모 사피엔스이기 이전에 포유류인 인간이기에, 우리는 어쩌면 축복받은 존재입니다. 누구나 몸을 가지고 있기 때문입니다. 몸에 닻을 내리는 줄은 우리가 가진 '주의'라는 사고 능력입니다. 몸의 특정 부분에 주의를 기울여 닻을 내리는 것, 이것이 바로 마음챙김 명

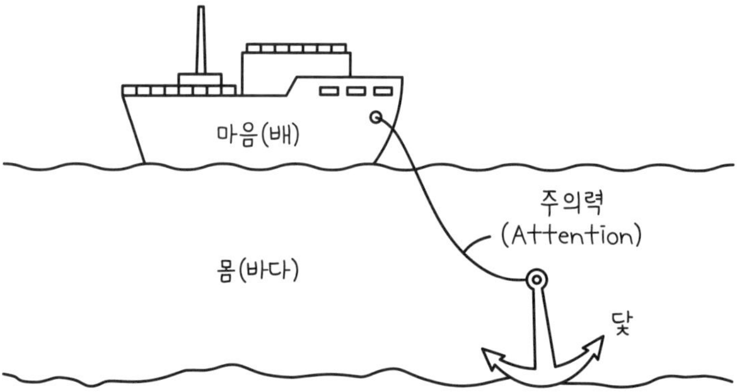

상의 방법입니다.

떠도는 마인드mind를 채우면, 즉 'mind-full' 하도록 하면, 마치 배의 닻처럼 무게가 생기겠죠? 자동 조종자들에 의해 이리저리 마음이 방황하지 않도록, 무게 있는 닻을 몸에 내려봅시다.

방법은 아주 간단합니다. 여러분이 지금 의자에 앉아 있다면, 의자에 닿아 있는 엉덩이의 느낌이 어떤지 느껴보세요. 따뜻한가요? 딱딱하거나, 부드러운가요? 좌우가 다른가요? 마치 마음의 눈이 있어서 엉덩이 부근을 보고 있는 듯이 그 부분에 주의를 둡니다.

자, 방금 전과 같은 실험을 한번 해볼까요?

1) 책을 읽는 걸 멈추시고 10초간 침묵하겠습니다. 다만 이번에

는 그 10초 동안 의자가 닿아 있는 엉덩이 부분에 주의를 주어보세요.

2) 어떤 느낌이 있는지, 느낌이 어떻게 변하는지 한번 찾아보세요.

이전 실험과 같이 생각이 과거나 미래로 가던가요? 침묵에 어찌할지 모르겠던가요? 스마트폰으로 손이 갔나요? 만일 그랬더라도 처음과는 빈도와 강도가 훨씬 덜했을 것입니다.

네, 방금 여러분은 몸에 주의라는 닻을 내리는 데 성공한 겁니다. 주의를 엉덩이 부분으로 보내 그 느낌을 알아차린 것이죠. 과거나 미래로 자동적으로 달아나는 마음을 현재, 즉 지금 이 순간에 자연스럽게 붙잡아 둔 겁니다.

조금 더 연습을 해볼까요?

1) 눈을 감아도 좋고, 떠도 좋습니다. 우선 한두 번 크게 심호흡을 하시고요.
2) 이제 주의를 등 쪽으로 보내봅니다. 호기심을 가지고 어떤 느낌인지 느껴보세요. 어떤가요? 뻐근한 느낌인가요? 차갑거나 따뜻하나요? 열린 마음으로 그냥 그대로 느껴보고, 그 느낌이 어떤지 '알아차려' 봅니다. 여기서 알아차림이란 '아, 뻐근하구나' 혹은 '아, 차갑구나' 하고 있는 그대로 어떻게 느끼

고 있는지 관찰하여 결과를 아는 것입니다.

3) 그리고 알아차린 그 느낌에 마음속으로 '이름을 붙여'봅니다. '뻐근함', '차가움', '따뜻함', 이렇게요.

4) 그리고 이제 주의를 심장 부근으로 가져가 봅니다. 남의 심장을 보듯이 호기심을 가지고 느껴보세요. 심장이 어떻게 뛰는지, 혹은 심장 부위가 어떻게 느껴지는지. 만일 답답하게 느껴진다면, 알아차리고, 그대로 이름을 붙여보세요. '답답함.' 뛰고 있는 게 느껴진다면 '뛰는구나' 하고 알아차리고 이름을 붙여봅니다.

5) 이제 오른쪽 손바닥으로 주의를 이동해 봅니다. 남의 손바닥을 보듯이, 느낌을 그대로 알아차립니다. 저리면 '저림', 차가우면 '차가움', 습하면 '습함'. 이렇게 속으로 이름을 붙여봅니다.

6) 그리고 왼쪽 손바닥으로 주의를 이동해 봅니다. 마찬가지로 느낌을 알아차리고, 이름을 붙이고, 조금 더 주의를 머물게 하고 변화를 관찰합니다.

어떠셨나요? 어렵지 않으셨죠? 우선 이 연습을 하는 짧은 시간 동안은 잡념이 거의 들어오지 않았다는 걸 벌써 알아차렸네요. 즉, 마음의 자동 조종 상태에서 벗어나 마음을 잘 챙길 수 있었던 것입니다.

〈 뇌의 중추들과 그 기능 〉

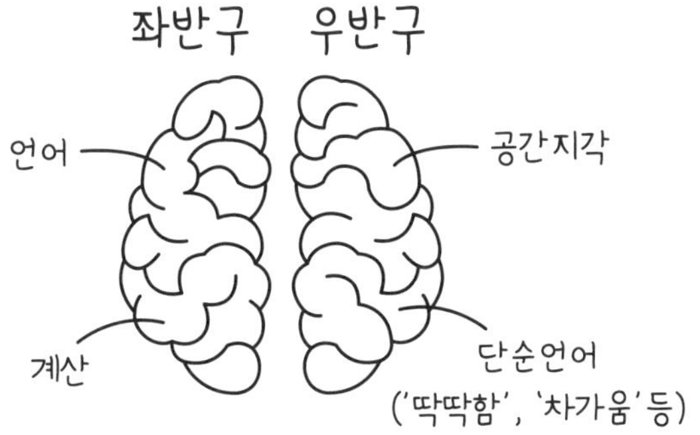

스트레스로부터의 안전지대, 우뇌

몸이 어떻게 마음챙김을 위한 가장 중요한 도구가 되는지는 뇌과학이 설명해 줍니다. 뇌과학에서는 이를 '좌우반구의 상호 억제 관련성' 때문이라고 합니다.[2] 좌반구에는 언어를 담당하는 중추가 자리하고 있지요. 우반구는 공간 지각을 담당하는 공간 중추가 있습니다. 몸의 위치와 상태에 대해 주의를 두고 알아차리면 우반구가 활발히 작동하게 됩니다. 몸의 감각을 느끼려고 할수록 우반구의 활동이 증가하여 언어 중추의 활동을 잠재우기 때문에 생각을 멈추고 마음을 고요하게 할 수 있다는 겁니다.[3]

몸에서 느껴지는 감각에 이름을 붙이기도 했었죠? 단순 언어를 담당하는 영역은 좌뇌가 아닌 우뇌에 자리합니다. '딱딱함', '차가움' 등 몸이 느낀 현상을 있는 그대로 기술할 때에도 우반구의 활동이 증가하여 걱정과 근심을 어느 정도 차단한다고 합니다.

방금 한 실험을 통해 여러분들은 주의의 이동이 가능하다는 것도 쉽게 알 수 있었을 겁니다. 주의는 사실 좋다, 싫다, 옳다, 그르다 하는 가치 판단을 하지 않습니다. 단지 인간의 고유한 정신 능력의 하나로서, 이리저리 이동을 할 수 있을 뿐입니다. 주의가 한곳에 머물기도 하고, 산만하게 이리저리 왔다 갔다 하기도 하지요. 주의가 너무 산만하게 되면, ADHD와 같이 일상생활에 큰 지장을 주게 되기도 합니다. 몸에 주의를 두는 마음챙김 명상은 이처럼 산만한 주의를 한곳에 더 오래 머물게 할 수 있습니다.

그러나 마음챙김 명상은 주의를 몸에 두는 것만으로 이루어지지는 않습니다. 주의가 머문 부분이 어떠한지에 대해 알아차리는 능동적 과정이 있어야 합니다. 알아차림에도 가치 판단이 들어가지 않습니다. 차가우면 차가운 대로, 가려우면 가려운 대로, 답답하면 답답한 대로 그냥 그 느낌을 관찰하듯이 알아차리는 것입니다. 오직 인간의 뇌만이 가진 가장 고도의 정신 활동이라고 합니다.

사실 마음챙김의 영어 mindfulness는 '알아차림'을 뜻하는 고대 인도어(팔리어) 사티sati의 번역어입니다. 또 다른 번역어 중 하나는 목격/관조/관찰을 뜻하는 awareness입니다. 어떤 현상이 있는지, 호기심을 갖고 지켜보는 행위인 것이죠. '있는 그대로 본다'는 말입니다. 비판하고 평가하거나, 좋아하거나 싫어하는 등의 감정의 투사나 주관적 해석이 줄어들게 됩니다.

마음의 적절한 '거리 두기' – 이름 붙이기

주의를 좀 더 머물게 하고, 알아차림을 분명하게 하기 위해 마음 속으로 '이름 붙이기'를 하면 좋습니다. 이름 붙이기는 객관적으로 관찰하는 뇌를 작동시켜 줍니다.

우리는 보통 짜증이 나거나 스트레스를 받으면 그것과 하나가 됩니다. 나는 온통 짜증이 난 사람이 된 것이고, 그렇기 때문에 짜증내고 있는 자신이 더 짜증이 나기도 합니다. 그런데 짜증이 난 그 느낌에 '짜증' 혹은 '짜증난 상태'라고 이름을 붙이면 어떻게 될까요?

이름을 붙이는 순간, 짜증은 하나의 객체, 즉 방문객이 되어버립니다. 나는 바라보며 이름을 붙이는 주체, 즉 주인이 되고요. 그 현상과 하나가 되어 짜증나고, 싫어지고, 그에 따른 여러 생각이 들고, 스트레스를 받게 되는 과정으로부터 '거리 두기'가 가능해집니다. 영향을 덜 받고 조금 더 자유롭게 됩니다. 스트레스는 현상대로 있고, 나는 '이름을 붙여 관찰하는 나'로 따로 있게 되는 것이죠. 가치 판단의 여지가 줄어들게 됩니다. 몸에 주의를 두는 마음챙김은 이처럼 중립적이고 열린 태도를 형성하는 데에 큰 도움을 줄 수 있습니다.

알아차림의 5가지 특성[4]

※ 비판단 Non-judging
'좋다/나쁘다', '옳다/그르다'는 가치 판단 없이 '있는 그대로'

※ 수용 Acceptance
제외하거나 거부하지 않고 벌어진 현상을 인정하고 동의함

※ 새로움 Beginner's Mind
현재 순간에 벌어지고 있는 현상을 새롭게 발견하기

※ 억지로 하지 않음 Non-striving
억지로 고군분투하지 말고 그저 부드럽게 지켜보기

※ 집착하지 않음 Letting-go
생겨난 것은 시간이 지나면 변하여 사라지기에 그대로 두기

'이름 붙이기'는 또한 새롭게 '알아가는 행위'이기도 합니다. 평소엔 무심히 지나쳐 있는지 없는지도 몰랐던 길가의 꽃들을 관찰하며 하나하나 이름을 붙인다고 상상해 보세요. 지금까지는 몰랐던 수많은 발견을 할 수 있지 않을까요? 몸 안에서 벌어지고 있는 감각들은 늘 지금 처음 생겨난 새로운 것들입니다. 마음챙김 명상은 자신에 대한 새로운 발견입니다.

또한 거부하지 않고 수용하는 태도이기도 합니다. 스트레스

를 받을 때 술을 마시거나 억지로 긍정적인 생각을 하는 것은 일종의 회피입니다. 상대를 알기 싫어 고개를 돌리는 것과 같죠. 그럴수록 상대는 더 강해지지 않을까요? '지피지기 백전백승'이라는 말처럼. 몸에서 일어나는 현상에 이름을 붙여 알아차리는 행위는 이처럼 마음을 강하게 만들어줍니다.

인간은 특이하게도 실제 외부 자극이 없어도 스트레스나 열등감과 같은 마음 자체의 활동으로 인해 몸이 느끼고 반응하는 존재입니다. 과거의 아픈 기억을 떠올리면, 몸도 그때와 같은 반응을 일으킵니다. 이를 뇌과학에서는 심리적 괴로움과 신체적 괴로움이 모두 동일한 신경망에 의존하고 있기 때문이라고 설명합니다. 그러나 동시에 이를 관찰할 수 있는 존재이기도 합니다. 방금 여러분이 했던 것처럼 말이죠. 이를 심리학에서는 메타 인지 meta-cognitive라고 합니다. 이 메타 인지가 바로 마음챙김의 핵심이기도 합니다.

마음챙김 명상의 가장 중요한 인지 과정을 아주 간단하게 정리하면 다음과 같습니다.

첫째, 주의를 이동하여,

둘째, 알아차리고,

셋째, (마음속으로) 이름을 붙이는 것입니다.

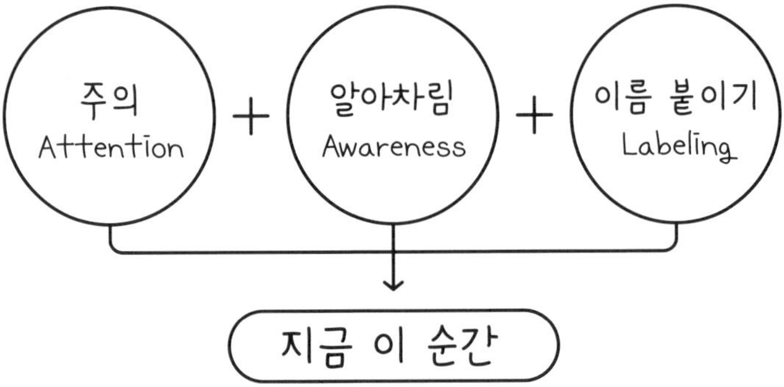

몸은 모든 자극을 받아들이는 매개입니다. 보고, 듣고, 냄새 맡고, 맛보고, 느끼는 것은 몸입니다. 스트레스도 몸이 느끼고, 열등감과 마음의 상처도 몸이 느낍니다. 몸에서 시작하는 마음챙김은 열등감과 마음의 상처를 개방적으로 수용하고 치유할 수 있는 열쇠입니다.

바디 스캔

효과 마음의 평정, 몸의 불편함 감소, 스트레스 이완

명상 실습
내레이션

오늘 여러분들에게 소개할 마음챙김 실습은 존 카밧진 교수의 마음챙김 기반 스트레스 완화 프로그램 외에도 전 세계에서 보편적으로 사용되고 있는 '바디 스캔body scan'입니다. 몸에 닻을 두고 하나하나 알아차리는 과정을 통해, 몸과 마음을 모두 이완하고 고요하게 할 수 있습니다. 여러분들이 업무 중이나 휴식 중 활용할 수 있도록 앉아서 하는 압축된 바디 스캔을 실습해 보겠습니다.

현대인들은 평소 상체만 의식하고 생활할 때가 대부분이죠? 평소 의식을 받지 못한 하체에 주의를 주는 연습을 같이 해보겠습니다. 5~10분쯤 걸리니, 집중할 수 있는 환경을 마련해 주세요. 그럼, 시작합니다.

1. 의자의 뒷부분에 엉덩이가 닿도록 바싹 붙여서 앉습니다. 허리는 반듯

하게 세웁니다. 척추를 제외한 몸의 모든 부분에 힘을 빼고 이완합니다. 두 발바닥을 바닥에 편안히 놓습니다. 손은 편안하게 무릎 위에 놓습니다. 몸이 편안한 상태가 되면, 눈을 서서히 감습니다.

2. 우리가 하는 실습은 어떤 특별한 상태가 되거나 의식적으로 생각을 멈추려는 노력이 아닙니다. 그저 몸 전체에 긴장을 풀고, 눈을 감은 채로, 주의를 옮기면서 몸에서 일어나는 감각을 자연스럽게 알아차리면 됩니다.

3. 생각이 다른 데로 가도 괜찮습니다. 그것 역시 자연스러운 일입니다. 부드럽게 다시 원래 주의를 주었던 몸으로 돌아오면 됩니다.

4. 턱에 있는 긴장을 풉니다. 입을 살짝 벌립니다. 숨을 평소보다 크게 들이쉽니다. 그러면 날숨은 자연스럽게 나올 것입니다. 날숨과 함께 가슴 속에 있는 스트레스와 답답함도 같이 내보냅니다.

5. 그리고 서서히 호흡과 함께 움직이는 복부 주위로 의식을 가져갑니다. 호흡이 목구멍을 지나 가슴, 명치를 지나 배까지 도달하여, 호흡에 따라서 복부가 팽창하고 수축하는 것을 그대로 느껴봅니다.

6. 이제 주의를 발바닥으로 옮깁니다. 발과 바닥이 맞닿아 있는 부분을 느

껴봅니다. 발바닥과 발가락, 뒤꿈치에서 느껴지는 감각을 관찰합니다. 저리는 느낌이 있다면 저리는 느낌 그대로, 무거우면 무거운 대로, 차가우면 차가운 대로 그대로 관찰합니다.

7. 주의를 서서히 위로 올립니다. 발목을 지나 무릎 부근으로 가져갑니다. 무릎에서 어떤 일이 일어나고 있는지 감각합니다. 미세한 떨림이 있다면 떨림으로, 통증이 있다면 통증으로 그대로 알아차립니다. 어떤 느낌도 괜찮습니다. '무릎아, 늘 수고해 주어 고마워' 하는 마음으로, 친구의 얼굴을 보듯이 무릎을 관찰합니다.

8. 이제 의자와 맞닿아 있는 엉덩이와 골반 쪽으로 주의를 가져갑니다. 무게감을 그대로 느껴봅니다. 딱딱함과 부드러움도 찾아봅니다. 허리 쪽의 변화도 관찰합니다. 들숨과 날숨에 따라 어떤 변화가 있는지도 관찰합니다. 허리와 골반 안쪽에 있는 장기의 느낌은 어떤지도 가만히 지켜봅니다. 어떠한 느낌도 괜찮습니다. '이렇게 느껴도 괜찮아' 하는 마음으로 지켜봅니다.

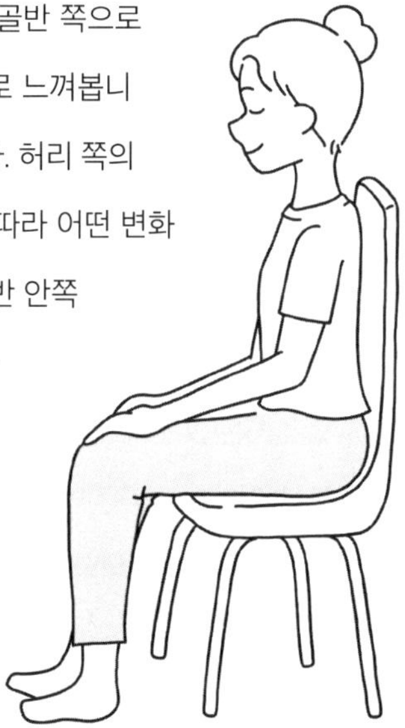

9. 한 번 더 깊이 들숨을 들이

쉽니다. 그리고 날숨과 함께 주의를 등 전체로 가져가 봅니다. 들숨과 날숨에 따라 등이 어떻게 움직이는지 느껴봅니다. 등 전체가 딱딱한지 부드러운지 있는 그대로 느껴봅니다.

10. 이제 상반신 앞쪽으로 주의를 옮겨봅니다. 호흡에 따라 움직이는 복부를 그대로 관찰합니다. 팽창할 때의 느낌이 어떤지, 수축할 때는 또 어떤 느낌인지 지켜봅니다. 가슴 전체로 주의를 확장해 봅니다. 답답함이 느껴지면 답답함으로, 저리거나 아리는 느낌이 들면 이 역시 그대로 지켜봅니다.

11. 큰 숨을 들이쉰 후에, 어깨와 목 주변으로 주의를 옮겨갑니다. 딱딱하고 굳은 긴장이 있는지 그대로 느껴봅니다. 어깨에 긴장이 있으면 힘을 빼고 어깨를 아래로 늘어뜨립니다. 그리고 다시 목과 어깨 부근을 관찰합니다.

12. 주의를 서서히 얼굴로 가져갑니다. 눈 주위가 떨리는지, 턱을 앙 다물고 있지는 않은지, 입술의 느낌은 어떠한지, 미간은 찌푸려져 있지 않은지, 이마의 느낌은 딱딱한 지 부드러운지, 귀 옆 부분의 느낌은 어떤지 그대로 관찰합니다. 눈 안쪽 안구와 눈동자의 느낌도 관찰할 수 있습니다.

13. 그러고는 주의를 정수리로 가져갑니다. 아마도 한 번도 의식한 적 없었을, 정수리 부근에서 과연 어떤 일이 일어나고 있는지 느껴봅니다. 들숨과 날숨과 함께 주의를 최대한 정수리에 둡니다.

14. 깊이 들숨을 들이쉽니다. 그리고 날숨과 함께 주위를 몸 전체로 확장해 봅니다. 머리 뒤에서 다른 몸을 들여다보듯이 몸 전체를 관찰합니다. 몸 전체로 들숨과 날숨을 쉬고 있는 느낌을 관찰합니다. 지금 관찰하고 있는 몸에서 일어나는 모든 현상을 있는 그대로 긍정합니다.

15. 주의를 서서히 몸 안의 호흡이 일어나는 복부로 가져갑니다. 두세 번 편안한 호흡을 한 후, 눈을 뜹니다. 이제 내 몸과 주위가 어떻게 다르게 느껴지는지 인식해 봅니다.

보통의 명상 *TIP*

1 발표나 면접 때 몸에 '닻'을 내리기

발표나 프레젠테이션을 하는 상황, 긴장을 많이 하거나 마음이 복잡한 상황, 스트레스를 받는 상황에 활용할 수 있는 매우 유용한 마음챙김 방법입니다. 아주 쉽습니다.

1. 어깨와 허리를 펴고 마음챙김 자세를 갖습니다. 그러면 자연히 몸에 주의가 갑니다.
2. 그리고 몸의 일부분에 주의를 둡니다. 의자에 닿은 부위나 숨을 들이쉬고 내쉬는 복부의 감각에 주의를 두어 그 느낌을 알아차리세요.
3. 그 느낌에 마음속으로 이름을 붙여봅니다. 그러면 순간적으로 마음에 여유가 생기게 되고 긴장이 완화됩니다. 몸의 한 부분에 주의를 두었을 때 우리는 스트레스의 늪에 빠지지 않게 됩니다.

다시 말하지만, 아주 쉽습니다. 그렇기 때문에 이를 잊어버리거나 무시하기 쉽습니다. 24시간 언제든 몸의 일부에 주의를 두는 연습을 하세요. 분명 일과 삶이 달라질 겁니다.

2 잠들기 전 바디 스캔 하기

몸이 불편하거나 통증이 느껴질 때, 하루 동안의 스트레스를 이완하고자 할 때 잠들기 전 누워서 바디 스캔을 합니다.

1. 몸 위 1미터 정도 위에 따뜻한 등불이 비추고 있다고 상상합니다 (등불은 알아차림의 빛입니다).
2. 등불이 몸의 부위를 비출 때마다 그 부위에 어떤 느낌이 있는지 부드럽게 알아차리세요.
3. 발바닥에서부터 시작하여 천천히 올라오며 정수리까지 알아차립니다.
4. 통증과 긴장이 느껴지는 부위는 조금 더 오래 머뭅니다. 등불이 비치는 그 부위가 이완되고 통증이 부드럽게 녹는다고 상상하여도 좋습니다.
5. 그리고 다시 머리에서부터 발까지 천천히 내려갑니다.

고생한 우리의 몸에 따뜻한 주의를 주어보세요. 그리고 알아차림이라는 선물을 주어보세요. 몸은 분명 고마워할 겁니다. 잠들기 전 바디 스캔은 피로와 긴장을 풀고, 머릿속을 맴도는 생각, 걱정과 불안을 잠재워 불면증을 완화하는 효과가 있습니다. 일상에서의 마음챙김에도 도움이 되는 것은 말할 것도 없고요.

코끼리 길들이기

옛날 인도나 태국에서는 코끼리가 늘 사람들과 함께 생활했었답니다.
코끼리가 시장을 지날 때면 코끼리는 쉴 새 없이 코를 흔들어 진열된 물건을 쓰러뜨리거나 아무거나 집어서 입으로 가져갔다 합니다. 노련한 조련사는 코끼리의 코에 대나무 막대기 하나를 쥐어줬답니다. 막대기를 받아 쥔 코끼리는 그것을 꽉 잡고 가느라 주변을 돌아볼 겨를이 없었습니다.[5]
우리의 마음도 이와 같지 않을까요? 우리의 일상은 마치 분주한 시장바닥과도 같습니다. 마음 역시 마치 코끼리처럼 이런저런 생각에 부딪히고 스트레스로 자신과 타인의 마음을 쓰러뜨리고 부수기도 하죠. 그러나 우리의 몸에 나무 막대기처럼 닻을 내릴 수 있다면, 직장생활이나 일상생활에서 이런저런 생각이나 감정에 크게 흔들리지 않을 것입니다.

3

어떻게 후회와 불안으로부터 벗어날 수 있을까?

지금 이 순간을 즐기기

일은 삶의 적이다?

이제 조직에 충성하며 일만 하던 시대는 지났죠? 일과 삶의 균형, 즉 워라밸의 중요성은 날로 커져갑니다. 취업 포털 잡코리아가 직장인 1007명을 대상으로 '회사를 선택할 때 가장 중요하게 생각하는 요건'을 조사한 결과(2018년)를 보면, 워라밸을 가장 중요하게 여긴다는 답변이 55.2%로 압도적 1위를 차지했다네요.

하지만 현실은 어떨까요? 일과 삶의 균형이 아직은 이루어지지 않고 있는 것으로 보입니다. 같은 조사에서 현재 일과 삶이 균형을 이루고 있다고 답변한 직장인은 40.3%로 절반에도 못 미쳤습니다. 특히 중소기업에서 일하는 직장인들은 69.5%가 야근을 한다고 답변했다고 하네요.

문제는 피로와 탈진, 그리고 우울감 등이 수반된다는 겁니다. 일생활균형재단WLB 연구소에서 발간한 '직장인 일 생활 균형 실태조사'(2017년)에 따르면 일과 생활의 균형이 흐트러져 일어난 문제로 '극심한 피로가 계속된다'(62.1%), '여가 활동할 시간이 없다'(29.1%), '우울하고 스트레스를 쉽게 느낀다'(26.2%), '가족, 연인과 보낼 시간이 없다'(22.7%) 등이 꼽혔다고 합니다.

정부와 기업에서도 워라밸 캠페인을 벌이더라고요. 대부

분 이런 식입니다. 1)오래 일하지 않기, 2)똑똑하게 일하기, 3)제대로 쉬기…. 좋네요. 전부 맞는 말이죠. 하지만 캠페인이 이 세 가지 주제에 집중이 된 것은, '일을 마치지 못하고 집에 가져간다', '회사에서 일이 손에 안 잡힌다', '쉬어도 마음 놓고 제대로 못 쉰다' 하는 목소리의 방증일 것입니다.

일을 미루고 삶에서 즐거움을 찾거나, 삶을 미루고 일에서 즐거움을 찾거나, 그 중간에서 방황하고 있는 것이 직장인의 현실이지 않나 싶습니다. 우리는 어쩌면 '일과 삶의 균형'이라는 함정에 빠져 있지는 않을까요?

마음챙김으로 우리의 일과 삶, 모두를 즐길 수 있는 방법을 함께 찾아볼까요?

마음챙김의 인사말, Carpe diem!

"카르페 디엠Carpe diem!"

오늘은 인사를 이렇게 드리고 싶네요. 라틴어에서 유래한 이 말은 영화《죽은 시인의 사회Dead Poets Society》에서 키팅 선생님이 학생들에게 한 이야기로 유명합니다. 잠깐 영화 속으로 들어가 볼까요?

명문 사립학교의 영어 교사로 부임한 그는 학생들에게 이렇게 말합니다.

"인류는 열정으로 가득 차 있지. 의학, 법률, 경제, 기술은 삶을 유지하는 데 필요하다. 하지만 아름다움, 낭만, 사랑이 우리 인류가 살아가는 목적인 거야. 카르페 디엠!"

카르페 디엠은 '오늘을 잡아라 Seize the day!'라고 번역이 됩니다. 하지만 저는 이렇게 번역하고 싶네요.

"지금 이 순간을 즐겨라! 여기에 행복이 있다."

아마 여러분 모두 이 말에 수긍할 것입니다. 하지만 우리는 늘 즐거움과 행복은 퇴근 후나 휴가 중, 혹은 먼 미래에나 가능하다고 생각을 하죠. 우리는 정말 '지금 이 순간'을 충분히 즐기고 있나요? 얼마나 '현재를 잡고' 있나요?

미국의 저명한 정신과 의사이자 심리학자인 대니얼 스턴 Daniel Stern의 연구에 따르면, 우리의 뇌가 '현재'라고 규정하는 순간은 3~5초 사이라고 합니다.[1] 이 연구에 따르면, 우리가 일하는 시간에도, 쉬거나 노는 시간에도, 우리의 뇌는 5초 안에서만 현재를 지각할 수 있습니다. '지금 이 순간'을 즐기기 위해서는 간단히 말하자면 5초 동안 현재에 머물고, 또 다른 5초에 또 현재에, 또 다른 5초에…. 이렇게 계속 현재를 지각해야 한다는 것이죠. 어떻게 가능할까요?

지난 시간, 기억하시나요? 마음챙김 명상의 첫 번째 방법은

〈디폴트 모드 네트워크 Default Mode Network〉

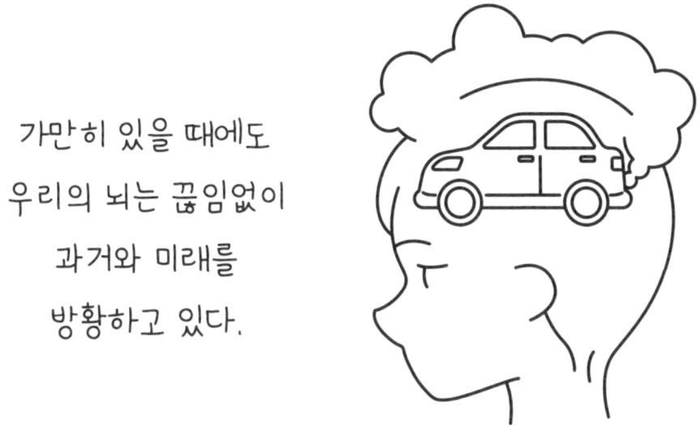

몸의 느낌에 주의를 두어 그 느낌이 무엇인지 알아차리는 것이라고요. 몸의 느낌은 언제나 현재진행형입니다. 계속하여 변하며 새로 생겨납니다. 그러므로 몸에 닻을 내리는 순간, 마음이라는 배는 '지금 이 순간'에 머물게 됩니다.

"굳이 왜 몸에 닻을 내려야 하나요? 그냥 가만히 '멍 때려도' 현재를 즐기는 것 아닌가요?"

이런 질문을 하시는군요. 우리가 지난 시간 '10초 가만히 멍 때리기' 비교 실험을 하였듯이, 몸에 닻을 내리지 않은 상태에서는 생각이 끊임없이 과거나 미래로 흘러 다니고 현재에 머물지를 못합니다. 우리의 뇌가 한 대의 자동차라면, 가만히 있어도 끊임없이 붕붕붕 공회전을 하며 연기를 내뿜고 있다고 할 수 있습니다. 뇌과학자들은 이를 마음의 '디폴트 모드 네트워크 Default Mode

Network'라고 합니다. 이미 지나간 일을 반추하면서 스트레스를 받고, 아직 오지 않는 미래의 일을 걱정하며, 스트레스를 만들어 냅니다. 이때 몸에 주의의 닻을 내리면, 과거나 미래가 아닌 현재에 머물게 되고, 몸이 느낌을 알아차리게 되면 '지금 이 순간'을 인지하게 되는 겁니다.

진정 '오늘을 잡고', '현재를 즐기기' 위해서는 지금 이 순간에 일어나는 감각을 알아차리는 것이 가장 용이한 방법일 겁니다. 우리 인간의 뇌가 이렇게 만들어져 있는 걸 어쩌겠어요. 마음챙김 명상은, '지금 이 순간'을 즐길 수 있는 최선의, 아니 유일한 방법입니다.

싫어하는 일이 재미있어진다고?

그렇다면 마음챙김 상태가 왜 지금 이 순간을 즐기게 할 수 있는 것일까요? 어떻게 지금 이 순간을 풍부하게 하는 걸까요?

같이 실험을 해볼까요?

1) 지금 주위에서 들리는 소리가 있으면 인지해 봅니다. 시끄럽고 거슬리는 소리라면 더 좋습니다.
2) 기계가 돌아가는 소리일 수도, 자판 소리일 수도, 혹은 마침 누군가가 짜증을 내는 소리일지도 모릅니다. 그중 한 소리를

택해 보세요. 그리고 그 소리에 주의를 기울여보세요. 내용보다는, 소리 자체가 어떤지 관찰해 보세요. 소리가 길고 짧은지, 소리의 크기가 어떤지 등등을 관찰해 봅니다.

3) 이제 주의를 자기 자신의 안에 둡니다. '내가 어떻게 듣고 있나?'에 주의를 둡니다. 그리고 다시 소리를 관찰해 봅니다. 높낮이가 어떤지, 멜로디가 있는지, 리듬이 어떤지, 성량은 어떻게 변하는지….

4) 그리고 다시 주의를 귀 주변에 둡니다. 소리가 들리면 '들음, 들음'이라고 속으로 이름을 붙여봅니다.[2]

어떠셨나요? 아마도 지금까지 소리에 반응하던 것과는 완전히 다른 경험을 하였을 것입니다. 호기심과 재미가 느껴지지는 않았나요? 세밀한 소리의 부분까지 들리지 않았나요? 마음이 편안해지기도 하였을 것입니다. 우리는 지금 이 순간에 들리는 소리를 대상으로 마음챙김을 한 것입니다.

평소였다면 어땠을까요? 바로 '아 정말 시끄럽네!' 혹은 '왜 낮에 수리를 하는 거야!', '아 조용한 데서 살고 싶다'와 같이 갑자기 짜증이 밀려오거나 주의가 산만해졌을 겁니다. 내가 싫어하는 사람의 소리와 닮은 과거의 기억이 떠오르거나 미래에 대한 계획 등을 했을지 모릅니다. 거의 자동 반응이지요? 우리가 그 소리를 들으면 늘 그렇게 반응해 왔기 때문입니다. 매번 똑같은 패턴의 반응…. 일상이 따분하게 될 수밖에 없죠. 그렇지 않나요?

한 연구에서 엘렌 랭어 교수는 사람들에게 각자가 '싫어하는 활동'을 하게 했습니다. 미식축구를 싫어하는 사람에게는 미식축구를 보게 하고, 그림을 싫어하는 사람은 그림을 보게 하고, 클래식을 싫어하는 사람에게는 클래식을 듣게 했죠. 각 경우마다 실험 집단을 네 가지로 분류했습니다. 한 집단은 평소처럼 그 활동만을 하게 하고, 또 한 집단은 새로운 것 하나를 알아차리라는 지시를 내리고, 다른 집단은 세 가지를 알아차리고, 또 다른 집단은 여섯 가지를 알아차리도록 하였죠.

결과는 어땠을까요? 모든 실험에서, 마지막 집단인 여섯 가지를 알아차리도록 한 집단이 그 활동을 더 좋아하게 된 것으로 나타났습니다.

연구팀은 이렇게 결론을 내립니다.[3]

"우리에게 익숙하고, 심지어 싫어하는 그 어떤 활동이라도 알아차림을 많이 할수록 더욱 재미있어질 수 있다."

만성질환 환자들이 행복해진 이유는?

엘렌 랭어 교수는 마음챙김의 중요한 요소로서 가변성variability을 강조합니다.

만성질환을 가진 환자들에 대한 유명한 연구 결과가 있는데,

참 흥미롭습니다. 만성질환 환자들은 늘 통증과 고통, 그리고 불안감에 시달리고 있을 거라 여겨지지 않나요?

연구팀은 만성질환 환자들에게, 요약하자면 이렇게 말하고 실험을 행하였습니다. '몸에 일어나는 증상이 늘 그런 것은 아닐 겁니다. 한번 몸의 증상들이 어떻게 변해가는지를 순간순간 느끼고 관찰을 하여, 그걸 기록해 봅시다.'

놀랍게도 행복감이 증가하고 불편한 느낌이 뚜렷하게 감소했다는 결과가 나왔습니다. 임산부를 대상으로도 유사한 실험을 행했는데요, 이 경우에는 신생아의 건강 상태도 측정했다 합니다. 그런데 실험을 하지 않은 집단보다 임산부의 행복감과 신생아의 건강 지표가 모두 더 높게 나왔다고 하네요.[4]

몸의 감각을 인지하고 알아차릴 때 즐거움은 커집니다. 우리 인간은 로봇이나 AI가 아니잖아요? 감각 능력이야말로 우리를 둘러싼 모든 세계를 경험하고 인식하는, 인간만이 가질 수 있는 수단입니다.

또한 감각은 매 순간 변합니다. 지루할 틈이 없죠. 현재진행형인 감각을 많이 알아차리면 차릴수록, 우리는 더 삶을 풍부하게 경험할 수 있고 우리의 인식 폭도 그만큼 넓어지게 된다는 것입니다.

왜곡된 유통 과정 없는 인식의 직거래

우리가 세상을 경험하여 지식으로 만드는 과정을 간략하게 살펴보면, 감각을 알아차리는 마음챙김 명상이 어떻게 불편감을 줄이고 행복감을 높이는지 알 수 있습니다.

먼저 그림을 같이 보겠습니다. 일반적으로 우리는 세상을 감각으로 만난 후에, 바로 생각과 해석을 하게 됩니다. 그리고 그에 따라 후회나 불안 같은 반응이 따라 오죠. 그리고 몸이 반응합니다. 화가 나면 호흡이 거칠어지고 얼굴이 붉게 된다거나 하죠. 그 반응을 포함하여 이 감각에 대한 정보가 뇌에 기억이 됩니다. 처음의 감각은 이 과정을 통해 완전히 변형된 상태로 기억되는 거죠.

예를 들어 비유하자면, 사랑하는 사람과 초일류 요리사의 레스토랑에 가서 음식을 먹었는데 맛은 전혀 모르고 서로 싸우고 헤어진 기억만 남게 되는 격이죠. 혹은 원산지의 과일이 엄청난 유통 단계를 거치다가 결국 소비자의 손에는 상해서 도달한 것과도 같습니다.

앨렌 랭어 교수는 이처럼 맥락에 의해 왜곡되어 세상을 이해하는 과정을 마음놓침의 대표적 사례로 꼽습니다. 그의 말에 따르면 우리는 거의 대부분 이런 마음놓침 상태에서 살고 있죠.

이에 비해 마음챙김은 현재에 느껴지는 감각을 있는 그대로 자각합니다. 생각과 해석 전에 '중립적'인 자각, 즉 알아차림이 놓

일반적 인식 과정

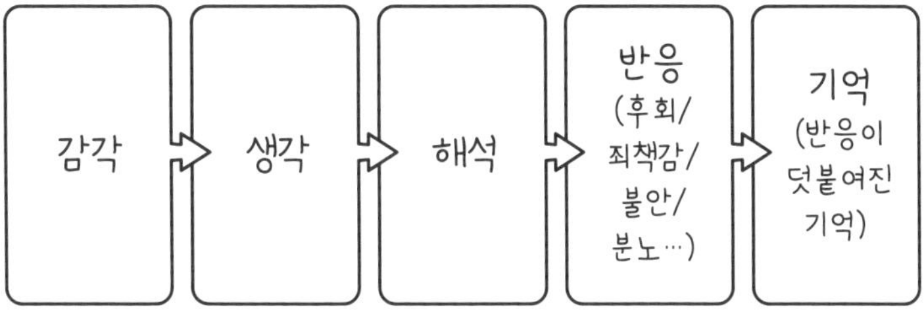

마음챙김 인식 과정

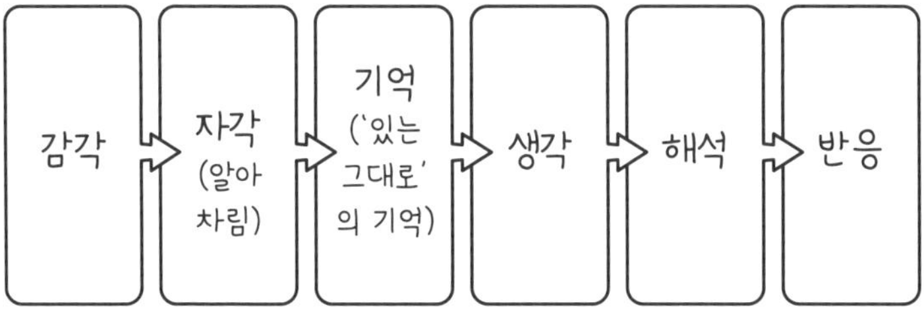

입니다. 좀 더 열린 자세로 경험의 범위를 확장할 수 있게 됩니다.

이는 감각과 자각의 직거래 과정에 비유할 수 있습니다. 감각에서 자각으로의 로켓 배달은 바로 주의가 담당하고요.

사랑하는 사람과 동네 분식집에서 떡볶이를 먹어도 일류 식당 못지 않게 그 자체로 가치 있는 기억으로 남게 되는 것이죠.

"부정적인 생각을 하지 말고, 긍정적인 생각을 해라!"

책이나 명사들로부터 아마 이런 이야기를 많이 들으셨을 겁니다. 그리고 그 말이 더 스트레스가 된 경험도 있을지도 모르겠어요. "왜 난 긍정적이 되지 못하는 거야!" 이러면서요.

그러나 마음챙김 명상은 의도적으로 긍정적인 생각과 해석을 하지 않습니다. 그저 현재에 일어나는 현상, 특히 지금 이 순간의 감각을 알아차릴 뿐입니다. 다음 쪽의 그림에서 마음챙김 과정을 마음놓침 과정과 비교해 보면 이해가 쉬울 거예요.[5]

생각과 해석의 위치가 달라진 게 보이시나요? 알아차림이라는, 마음챙김 명상의 핵심 인지 과정이 추가되었기 때문입니다. 생각과 해석의 원재료가 되는 기억에 부정적인 해석 등이 따라 붙지 않기 때문에, 그에 따른 생각과 해석도 달라지게 되는 겁니다. 현재에 일어나는 감각에 대한 마음챙김을 하는 과정에는 불안, 후회, 걱정 등이 끼어들 틈이 줄어들게 되는 거죠. 그러면 지금 하고 있는 활동이 저절로 '다르게' 해석이 되지 않을까요? 아마도 짜증, 후회, 죄책감, 불안 대신 새로움과 즐거움이라는 선물이 우리에게 주어질 것입니다. 그에 따라, 일과 삶에 대한 지식의 변형도 일어날 것이고요.

마음놓침

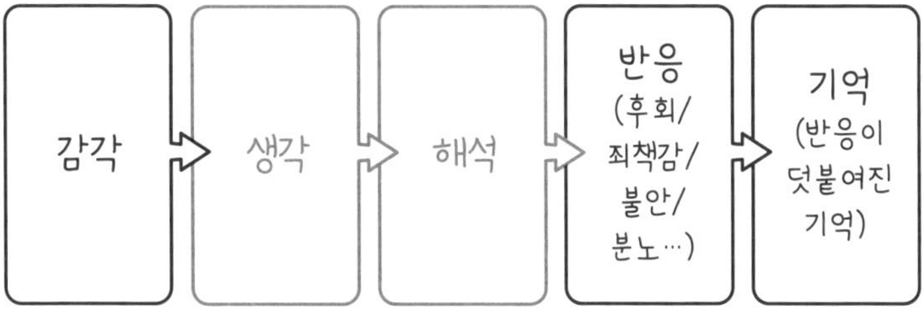

마음챙김

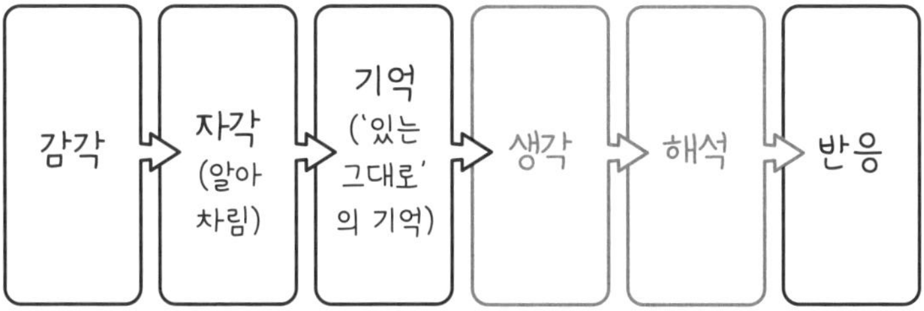

일과 삶 모두를 마음챙김하기

'마음챙김의 어머니'라고 불리는 엘렌 랭어 교수는 일과 삶을 구분하는 범주를 만들어 놓고 있는 것이, 일과 삶 모두에서 즐거움을 찾지 못하고 마음놓침의 함정에 빠지게 한다고 말합니다.

이 범주 때문에 우리가 일을 삶의 적으로 보고, 삶을 일의 방해물로 보게 된다는 것입니다. 엘렌 랭어 교수에 따르면 일과 삶은, 그냥 삶입니다. 현재진행형인 일과 삶 모두에 마음챙김하여 새로움을 발견해야 한다고 말합니다.

지금까지 살펴보았듯이, 마음챙김은 복잡한 중간 유통 단계 없이도 원산지의 풍요로운 감각을 직거래로 맛볼 수 있게 합니다. 그것도 훨씬 빠르게요. 바람이 불어오는 감촉, 새가 지저귀는 소리, 꽃의 향기를 직접 느낄 수 있습니다. 사랑하는 사람의 미소를 판단과 분석과 대조와 평가 등등 여러 단계의 유통 과정을 거쳐 변질된 상태로 느끼고 싶지는 않겠죠?

일상에서 하는 모든 활동에 마음챙김을 할 수 있습니다. 그러면 스트레스와 짜증, 불안이 줄어들게 됩니다. 지금 활동하고 있는 몸의 일부분에 주의를 두고, 그 감각에 호기심을 갖고 알아차려 보세요. 똑같은 일이라도 그 일을 하는 몸의 감각에 우선 주의를 기울여 보세요. 그리고 새로운 느낌을 알아차려 보세요. 기존에는 그냥 무심코 지나갔던 감각들이 새로운 발견으로 다가오게 될 것입니다. 어떤 일을 할 때에도 최대한 새로운 것을 알아차리려 해보세요.

일을 할 때에는 일에, 휴가를 보낼 때에는 휴식 시간에, 어느 활동을 하든 '지금 이 순간'을 최대한 알아차려 보세요. 예를 들어, 지금 키보드를 치고 있다면 키보드가 두드려지는 소리와 손의 느낌을 알아차리세요. 워드나 파워포인트에 찍히는 글자의 모양이

나 그림이 어떻게 그려지는지도 알아차려 보세요. 퇴근 후나 휴일, 휴가 때는 휴식과 놀이에서의 즐거움을 있는 그대로, 더 많이 발견하고 느껴보세요. 마음챙김 명상을 오래 한 사람들은 그 즐거움이 두 배, 세 배가 된다고 하는데, 여러분들은 어떨지 한번 시도해 보시길 바랍니다.

오늘의 명상 실습

마음챙김 커피 타임

(효과) 스트레스 이완, 감각 능력 개발

명상 실습
내레이션

일상의 모든 활동에 마음을 챙기면, 스트레스와 불안 등등이 끼어들 틈이 줄어들게 됩니다. 하지만 어느 정도 연습이 필요합니다. 우리가 일상에서 늘 접하는 커피나 차를 마실 때에 할 수 있는 마음챙김 명상 실습을 해보겠습니다. 오늘 실습 역시, 마음챙김 명상 수행과 치유를 전문적으로 하는 전 세계 기관에서 활용하고 있는 방법에 기반한 것입니다.

1. 먼저 혼자 따뜻한 커피나 차를 마실 공간을 마련합니다. 책상 위도 좋고 노트북 앞도 좋습니다. 잔을 앞에 둡니다. 천천히 숨을 들이쉬고, 내쉽니다. 두 번 정도 더 반복합니다.

2. 이제 잔을 쳐다보고, 어떤 모양인지 관찰합니다. 김이 올라오는지, 색이

어떤지, 특별한 거품이 있는지 그냥 그대로 눈으로 보고 관찰합니다.

3. 손을 천천히 뻗어 잔으로 가져갑니다. 잔을 잡습니다. 주의를 주어 손에서 느껴지는 감각을 그대로 느끼고 알아차립니다. 그리고 마음속으로 이름을 붙여봅니다. 뜨거우면 뜨거움으로, 딱딱하면 딱딱함으로, 거칠면 거침으로, 있는 그대로 느낍니다.

4. 잔을 들어 코 앞에 대고 향을 맡아봅니다. 어떤 향이 느껴지는지 있는 그대로 느껴봅니다. 조금 더 미세한 향까지 알아차리도록 주의를 집중해 봅니다.

5. 이제 한 모금, 입에 대고 마셔봅니다. 먼저 입술에서 느껴지는 감각에

주의를 주고 알아차립니다. 부드러운지, 딱딱한지, 따뜻한지, 차가운지 그 감촉을 그대로 느껴봅니다.

6. 아직 삼키지는 말고 혀에서 느껴지는 맛도 느껴봅니다. 어떤 맛이 느껴지나요? 쓴맛이나 신맛이 느껴지는지, 단맛과 풍부한 맛이 느껴지는지, 고소한 맛인지, 그리고 맛의 변화도 감각으로 알아차려 봅니다.

7. 삼킨 후에 목구멍과 식도에서 느껴지는 느낌도 관찰해 봅니다. 따뜻함과 이완감, 몸에 퍼지는 느낌도 그대로 느껴봅니다.

8. 아직 입에 감도는 향도 감각해 봅니다.

9. 다시 한 모금 입에 넣고, 조금 더 미세한 향과 맛과 감촉을 느껴봅니다.

어떠셨나요? 어쩌면 일류 바리스타의 자질을 발견했을지도 모르겠네요. 이제 일상에서 할 수 있는 대표적인 마음챙김 연습을 소개해 드릴게요.

보통의 명상 *TIP*

1 마음챙김 양치

별 생각 없이 자동 반응적으로 하던 양치질에서도 마음을 편안히 하고 '지금 이 순간'의 새로운 즐거움을 찾을 수 있습니다.

1. 이를 닦으면서 치아와 칫솔이 닿는 부분에 주의를 줍니다.
2. 구석구석에서 어떤 일이 벌어지고 있는지 관찰하듯이 알아차려 봅니다.
3. 칫솔과 닿는 느낌, 점성의 변화 등등 정말 새롭고 흥미로운 현상들을 발견할 수 있을 겁니다.

2 마음챙김 식사

직장에서 점심 식사를 할 때, 식사 명상을 해보세요. 사람들과 같이 먹을 때는 어려울 수 있습니다. '혼밥'을 할 때마다 시도해 보세요. 식사 시간 중 스마트폰을 보는 습관이 있다면 일단 주머니에 넣습니다. 매일 하는 식사에서 '완전히 다른' 새로운 발견을 하실 거예요. 더불어 온갖 생각으로 가득했던 식사 시간이 스트레스를 내려놓는 정화 시간으로 변할 수도 있습니다.

1. 찬찬히 재료와 음식의 모양부터 관찰해 보세요.
2. 수저로 음식을 입으로 가져올 때의 팔의 느낌의 변화를 알아차립니다.
3. 음식의 향을 감각하며 알아차려 봅니다.
4. 음식이 입술에 닿을 때의 감각, 입에 넣은 후 느껴지는 맛, 씹는 느낌, 입에서 넘어가는 과정에 주의를 주면서 그 느낌을 알아차립니다.
5. 입에 남는 맛과 향을 최대한 음미합니다.

3 마음챙김 설거지

설거지는 마음챙김하기 아주 좋은 기회입니다. 설거지는 많은 사람들이 싫어하는 일 중의 하나일 겁니다. 싫고 귀찮은 일을 마음챙김으로 할 때 어떤 변화가 있는지를 체험할 수 있을지도 모릅니다. 설거지의 전 과정을 알아차리는 동안 복잡한 마음과 감정이 차분히 가라앉는 걸 느낄 수 있을 겁니다.

1. 주로 손에 주의를 줍니다.
2. 물의 차가움과 뜨거움을 느껴봅니다.
3. 세제의 미끄러짐과 뽀드득하는 깔끔한 느낌 등의 변화를 하나하나 감각해 보세요.
4. 설거지를 끝낸 후의 기분의 변화도 느껴봅니다.

이외에도 일상에서 하는 모든 일과 행동에 주의를 두고 알아차린다면, 그 모두가 마음챙김 명상이 될 수 있습니다.

문제도 즐거움도 내면에

옛날 인도의 어느 지방에 라비아라는 나이 든 현자가 살고 있었답니다. 어느 날 그가 집 앞에서 무언가를 계속 찾고 있는 모습에 동네 사람들이 물었죠. “무엇을 찾고 있나요?” 할머니는 바늘을 찾고 있다고 했습니다. 사람들은 어디에 바늘을 떨어뜨렸는지 물었죠. 라비아 할머니는 “바늘은 집 안에서 잃어버렸지”라고 답했습니다. 그런데 왜 밖에서 찾느냐고 물었겠죠. “집 안은 너무 어두워서.” 아니, 그런 바보 같은 일이 있느냐고 사람들은 말했죠. 라비아 할머니는 대답했습니다. “자네들 모두 그러하지 않나? 문제도 즐거움도 늘 밖에서 찾고 있잖아. 몸과 마음은 안 들여다보고.[6]”

어쩌면 우리의 일과 삶도 그러하지 않을까요? 외부에서 문제를 찾는 것도 중요하지만, 그 전에 지금 이 순간에 주의를 두어보세요. 마음챙김은 어두운 내면에 불을 밝혀줍니다.

4

어떻게 습관의 주인이 될 것인가?

습관으로부터 자유로워지기

노예가 될 것인가, 주인이 될 것인가

우리는 일터에서 크고 작은 실수를 합니다. 이러한 실수가 때로 안전사고로 연결될 때도 있지만, 작은 사고들은 대수롭지 않게 생각하는 경우가 많습니다. 그럼 다음 이야기를 한번 볼까요?

1982년 에어플로리다 여객기가 얼어붙은 포토맥강에 추락했습니다. 이 사고의 원인은 어디에 있었을까요? 당시 그 비행기는 평소와 다름없이 워싱턴을 출발했습니다. 기장과 부기장은 베테랑 조종사들이었습니다. 두 사람 모두 건강했고, 피곤하거나 술을 마신 상태도 아니었습니다. 평소와 똑같이, 조종사들은 이륙 전 조종 장치를 상호 점검했습니다. 부기장이 목록에 있는 조종 장치를 하나씩 큰 소리로 부르면 기장이 각 장치의 스위치가 제자리에 있는지 확인했습니다. 이런 조종 장치 가운데 하나가 결빙 장치였는데요, 사고가 나던 날 기장과 부기장은 결빙 장치 순서가 되자 '늘 하던 대로' 꺼짐 상태임을 확인했습니다. 그러나 이날의 비행은 그들이 늘 경험하던 그 비행이 아니었죠. 평소의 따뜻한 남쪽 공기가 아니라, 얼음이 얼 정도의 추운 날씨를 뚫고 가야 했습니다. 그럼에도 평소대로 결빙 장치를 꺼버렸던 거죠.

점검을 하는 동안, 기장과 부기장은 집중하는 듯 보였지만, 의식은 '눈 먼 상태'나 다름없었던 거죠. '평소와 너무나 다름없었다'는 것이 문제였습니다. 틀에 박힌 절차를 따르거나 주의를 기울이지 않고 움직이는 사람은 자동 인형과 다름없지 않나요? 그런 상태는 자신과 타인에게 의도하지 않은 결과를 가져올 수도 있습니다. 이 사고로 승객 74명이 목숨을 잃었고, 에어플로리다는 사고 후 2년 만에 파산하여 지금은 사라진 기업이 되었습니다.[1]

이러한 상태를 두고 심리학에서는 '무주의 맹시inattentional blindness' 현상이라고 합니다. 습관에 의한 일종의 주의력 착각이라고 합니다. 관련한 간단한 사례가 있습니다. 퇴근길에 운전을 해서 어떻게 집에까지 도착했는지 그 과정을 기억하지 못하지만, 매일 집에 잘 도착해 있는 경험을 많이 해보았을 것입니다.

직장에서도 수많은 현장의 안전 관련 정보들이 작업자의 감각 체계를 통해 들어오겠지만, 감각 정보에 의식적으로 주의를 기울이지 않는 상태에서는 무주의 맹시에 늘 노출되어 있다고 합니다. 안전사고가 발생할 때 90% 이상의 요인이 인지적 기능과 주의 집중 기능의 문제라 합니다.[2]

이런 말이 있습니다. '습관은 최악의 주인이 될 수도, 최고의 하인이 될 수도 있다.'

이번 여행지는 습관입니다. 우리는 어떻게 습관의 주인이 될 수 있을까요?

습관의 자동 인형인 우리들

서울에 살 때 저희 집은 전철 2호선 낙성대역 부근이었습니다. 사무실은 2호선 구로디지털단지역이라 늘 전철을 이용하고는 했습니다. 때로 강남역이나 역삼역 부근에서 미팅이 있을 때가 있었습니다. 그런데 미팅이 있는 날에도 평소와 다름 없이 무의식적으로 구로디지털단지역 방향으로 들어가 반대 방향으로 가는 전철을 타고 한참을 갈 때가 많았습니다. 어떨 때는 정말 거의 구로디지털단지역까지 와서는, '아차! 오늘 강남역 가야 하는데!' 하며 실수를 알아차릴 때도 있었습니다. 무의식적 습관이 저를 자동 조종하여 완전히 다른 곳으로 데려다 놓은 것이죠.

설마 저만 그런 것은 아니겠죠? 여러분도 그런 경험이 종종 있을 것이기에 위안을 삼아봅니다.

심리학자 엘렌 랭어 교수의 친구는 아침에 출근하기 위해 잠옷을 벗고 샤워를 하는 동안 일에 대한 갖가지 생각과 가족에 대한 걱정으로 가득 차 있다가, 샤워 후 몸을 닦고는 다시 잠옷을 입고 침대로 갔다 합니다. 평소의 밤과 다름없이요. 아, 이것도 여러분의 이야기라고요?

습관의 힘은 무섭습니다. 이 두 경우 모두 심한 건망증이 있거나 특별히 정신적 문제가 있었던 것도 아닙니다. 다만, 습관에게 자동 조종당한 것이었죠. 마음놓침의 상태였던 겁니다.

우리 몸이 한 대의 마차라면, 마차가 목적지로 가는 게 아니라, 말이 평소 습관대로 마차를 끌고 마구간으로 가버린 것과 같습니다. 줄을 쥔 마부가 졸고 있었거나 딴생각에 빠져 있었기 때문이겠죠. 철학자 구르지예프는 인간은 대부분 이러한 '수면 상태'에서 살고 있다고 하였습니다. 마부가 쥔 줄이 바로 우리의 주의입니다. 마부가 줄을 놓고 있었다면 이는 우리가 주의를 놓친 상태입니다.

하버드 대학의 크리스토퍼 차브리스Christopher Chabris와 일리노이 대학의 대니얼 사이먼스Daniel Simons는 수많은 심리학적 실험을 통해 우리가 얼마나 쉽게 주의를 놓치는지를 증명하였습니다. 길을 가다 누가 여러분에게 길을 물어보았습니다. 뭐, 대수롭지 않게 어떻게 가는지에 대해 설명을 하고 있는데 그 사람과 여러분 사이에 누군가 큰 짐을 들고 지나갑니다. 잠깐 시야가 가려졌고, 여러분은 다시 길을 설명해 줍니다. 고맙다고 인사를 받고는 다시 가던 길을 갑니다. 그런데 이 실험에서는 사실 길을 물어보던 그 사람이 중간에 딴 사람으로 바뀌었습니다! 시야를 잠깐 가린 그때에 말하던 사람이 바뀌었는데도 대다수 사람들이 이를 알아차리지 못했습니다. 그 사람에게 주의를 주지 않았기 때문이죠. 이를 '무주의 맹시' 상태라고 하는데, 말 그대로 '주의를 주지 않아 눈이 먼 상태'입니다.[3]

또 다른 연구에 따르면 우리는 깨어 있을 때 약 47% 정도의 시간을 무슨 행동을 하고 있건 다른 생각을 하는 데 보내고 있다고 합니다. 이 연구에서는 다른 생각을 할 때와 그렇지 않을 때의 행복감의 차이도 실험했었는데요, 중요한 것은 사람들은 마음이 방황할 때는 그렇지 않을 때에 비해 행복하지 않다고 느낀다는 것입니다. 일상의 주의력이 행복과 매우 관련성이 높다는 것을 알 수 있습니다.[4]

지금까지 알아본 사실들은 우리에게 다음 두 과제를 줍니다.

나를 자동 조종하는 습관을 알아차려야 한다.

주의를 놓치지 않아야 한다.

마음챙김 명상은 이 두 가지를 모두 가능하게 합니다. 마음챙김 명상은 자기 자신을 관찰하여 알아차리기 때문입니다. 마음챙김 명상은 주의를 계속하여 현재에 두기 때문입니다. 무엇보다 주의력을 깨어 있게 하는 연습이기 때문입니다.

습관에 저항하지 말고 관찰하라

다시 전철 이야기로 돌아가 보죠. 여러분은 전철에서 사람들을 관찰해 보신 적 있나요? 대부분 사람들이 습관적으로 스마트폰을 주머니에서 꺼내 SNS나 유튜브 등을 보다가 다시 주머니에 넣었다가 또 무의식적으로 다시 꺼내 듭니다. 다리를 끊임없이 떠는 사람도 있고, 잔뜩 움츠리고 앉아서 얼굴을 찌푸리고 있거나, 혹은 다리를 쩍 벌려서 피해를 주는 사람도 있습니다. 심지어 혼자 중얼거리거나 큰 소리로 혼잣말을 하는 사람도 있습니다. 이들은 그러한 행동을 습관적으로 하고 있음을 전혀 모르고 있을 것입니다.

'에이, 설마 내가 그럴까?'라고요? 아마 크게 다르지 않을 겁니다(저 역시도). 다만 제가 다른 점은 관찰을 하고 있었다는 겁니다. 저는 관찰을 하고 있었으니까 그 행동이 무엇인지 알 수 있었죠. 만일 자기 자신을 남처럼 떨어져서 관찰한다면, 습관의 자동조종으로부터 조금 더 자유로워질 수 있지 않을까요?

'자기 자신을 관찰하는 것이 뭐가 어렵다고 그러지? 거울을 보면 되지?' 이렇게 생각할 수도 있겠네요. 자기 관찰은 거울 보기와 같을 수도 있을 테니까요.

그럼, 거울을 활용한 실험을 해보도록 할까요?

- 혹시 주위에 손거울이 있다면, 준비를 해주세요. 손거울이 없다면 스마트폰의 카메라를 셀카 모드로 하고, 여러분 자신의 얼굴을 비춰봅니다. 어떠세요? 자기 관찰이 되시나요?

'어쩜 이렇게 예쁘지?', '어휴, 피부가 거칠어졌네', '어라? 뾰루지가 생겼네?', '머리를 좀 다듬어야겠어' 등등 자기 자신에 대한 생각이 바로 튀어나올 겁니다. 당연하죠. 혹은, 거울을 보면 늘 하는 여러 표정을 지어본다던가, 고개를 옆으로 살짝 돌려보거나, 턱을 들었을지도 모르겠네요. 이처럼 자기를 비추는 거울을 볼 때에도 우리는 늘 하던 습관적인 행동을 합니다. 오히려 거울을 볼 때 우리는 더 '눈이 먼' 상태가 되는지도 모르겠습니다.[5]

거울을 활용한 마음챙김 명상

다시 여러분들과 재미있는 명상 실험을 하나 해보려 합니다.

1) 방금 전과 똑같이, 거울이나 셀카 모드의 스마트폰을 들고 눈을 뜨고 그 안의 자신을 바라봅니다.
2) 우선 깊이 숨을 들이쉽니다. 그리고 천천히 날숨을 쉽니다. 다시 숨을 들이쉬고, 천천히 내쉽니다. 이제 몸이 의자와 닿은 부분으로 주의를 두어봅니다. 그곳에서 일어나는 일을 알아차려 봅니다. 그대로 느끼고, 느낀 대로 이름을 붙여봅니다.
3) 이제 주의를 거울의 얼굴이 아니라, 거울을 보고 있는 자신의 얼굴로 가져갑니다. 얼굴 전체의 느낌을 관찰합니다. 주의를 얼굴 피부에 둡니다. 입술로도 옮겨갑니다. 어떤 느낌인지 관찰해 봅니다. 눈으로 주위를 옮겨 눈의 느낌도 관찰해 봅니다.
4) 계속 관찰하는 상태에서도 눈으로는 거울에 비친 모습을 볼

수 있습니다. 마치 거울에 있는 나와 내가 관찰하고 있는 나는 분리된 듯이 느껴집니다. 계속하여 얼굴의 부분들에 주의를 두고 일어나는 일을 알아차리고 관찰해 봅니다.

어떠셨나요? 우선 거울을 보고 일어나는 습관적 행동과 생각이 멈췄음을 확인할 수 있었죠? 또 하나 중요한 것은 '거울 속의 나'와 '거울을 보는 나'가 분리되었습니다. '거울 속의 나'는 마치 남처럼 느껴지지 않던가요? 그리고 또 하나, '거울을 보는 나'가 있었죠. 거울을 볼 때 하던 습관적 행동이나 자신에 대한 평가나 감정을 잠시 멈추고, 자신을 떨어져서 객관적으로 바라볼 수 있게 된 것이죠.

처음에 한 실험과의 차이는 어디에 있었을까요? 주의를 두고 알아차린 것뿐입니다. 자기 관찰이 가능한 힘 역시 바로 '주의와 알아차림'에 있습니다. 주의를 얼굴에 두고 감각을 알아차리자, 평소에 하던 거울을 보는 방식이 '낯설게' 된 것이죠. 관찰하는 상태가 된 것입니다.

카밧진 교수의 마음챙김 기반 스트레스 완화MBSR 프로그램을 비롯해, 마음챙김 기반 인지치료MBCT, 변증법적 행동치료DBT 등 마음챙김을 본격적으로 스트레스와 우울증, 트라우마 등의 치료에 도입한 학자들은 마음챙김의 가장 중요한 요소이자 효과로서 '관찰하는 힘'을 들고 있습니다.

몸에 주의를 두고 알아차리는 연습을 함으로써 마음이 만들어내는 생각과 그로 인한 몸의 습관을 실재와 동일시하지 않고, 다만 하나의 현상으로 바라볼 수 있게 됩니다. 자기의 습관을 관찰할 수 있는 힘도, 몸이라는 대상에 주의를 주고 알아차리는 데에 있습니다.

습관은 자기 관찰의 좋은 대상

습관은 바꾸려고 하면 할수록 잘 바뀌지 않습니다. 싫어하면 할수록 오히려 습관의 힘을 더 강하게 만듭니다.

앞에서 제시한, 전철에서 사람들을 관찰하는 상황으로 다시 가볼까요? 만일에 제가 그 사람에게 가서 "당신 행동이 정말 싫어요. 그렇게 혼자 중얼거리지 마세요"라든가 "그렇게 스마트폰만 쳐다보지 마세요!"라고 했다면 어떻게 되었을까요? 이상한 사람 취급을 받거나, 욕을 먹었을지도 모를 일입니다. 이처럼 습관이란 억지로 없애려고 하면 부작용이 커지게 됩니다. 오히려 그 습관이 계속 떠오르게 되죠. 그러나 만일 그 사람이 우연히 카메라에 자기가 찍힌 동영상을 보게 된다면 어느 정도 충격을 받을지도 모릅니다.

우리나라 사람들이 연장자를 보며 고개 숙여 인사하는, 우리에겐 너무나 당연한 행동이 외국인에게는 무척 흥미롭게 보일 겁니다. 회사에 온 외부인의 시각에서는 그 회사 사람들의 습관적이고 자동적인 행동을 알아차리기가 쉬울 겁니다. 그러므로 나 자신을 외부인의 시각에서 관찰하는 것이야말로 습관의 자동 조종을 알아차릴 수 있는 가장 좋은 방법이 되는 거죠.

이렇게 보면, 습관은 사실 마음챙김을 위한 굉장히 좋은 대상입니다. 타인의 습관은 우리가 흥미롭게 바라볼 수가 있지 않나요? 지금 현재 자신에게 일어나고 있는 일을 알아차리면서 우리가 자기 관찰을 할 수 있다면, '나'라는 사람을 흥미롭게 알아갈 수 있을 것입니다. 우리가 앞에서 보았듯이 그 과정에서 스트레스로부터 벗어나 마음에 휴식을 주는 아주 좋은 '부작용(?)'까지 얻게 되고요.

물론 습관은 무의식적인 것이기 때문에 알아차리기가 쉽지 않습니다. 마치 반사 작용 같은 것이어서 특정 자극이 있으면 자동 반응으로 나오게 됩니다. 특히 오랜 세월 동안 반복적 행동이나 감정으로 자리한 습관이면 더욱 그러할 것입니다. 마음챙김 명상을 통해 자기를 관찰하게 되면 이처럼 무의식적으로 습관화된 생각과 행동을 '의식의 영역'으로 아주 조금씩 떠오르게 할 수 있습니다. '알아차리게 되면' 이미 습관은 무의식적이지 않게 됩니다. 자동 조종력이 약화됩니다. 그러므로 꾸준한 알아차림이 가장 중요합니다.

일상에서 습관을 흥미롭게 알아차리기 위해, 여러 학자들과

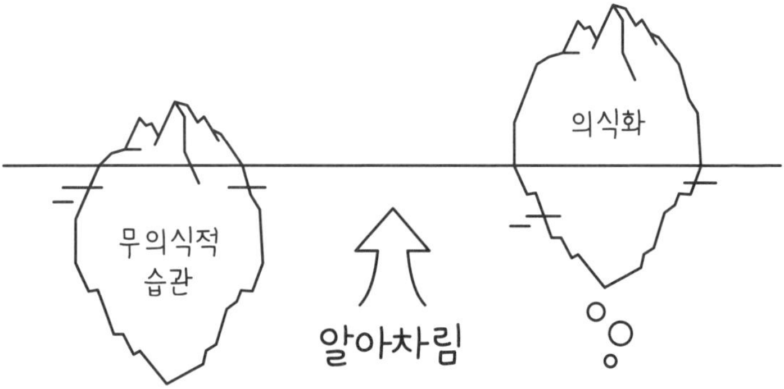

사상가들의 방법론을 종합하여, 다음의 세 단계 방법을 추천해 드립니다.

1. 낯설게 하기

첫번째는 '낯설게 하기'입니다. 일상을 낯설게 하면, 자동적 습관을 훨씬 쉽게 알아차릴 수 있습니다.

- 평소에 습관적으로 앉던 의자와 다른 의자에 앉아보세요. 마음챙김 기반 인지치료에서는 카페나 식당 등에서 평소 앉던 자리나 의자와는 다른 데 앉아보도록 권합니다. 늘 주문하던 메뉴와도 다른 메뉴를 주문해 보고, 식사 때 앉는 위치도 평소와 다르게 가져가 보면서 어떻게 다른지 알아차려 봅니다.

또 이런 시도도 해보세요.

- 평소에 사용하는 손과 다른 손을 사용해 보세요. 물론 일에 직접적으로 영향을 끼치지 않는 행동부터 시도해 봅니다. 우선 스마트폰을 오른손으로 사용해 왔다면 왼손으로 바꿔보세요. 지갑을 겉옷의 오른쪽 안주머니에 넣었다면 왼쪽으로 옮겨보세요. 식사를 할 때 밥과 국의 위치를 바꿔보세요. 혹은 숟가락을 드는 손을 바꿔보세요. 이 작은 변화가 주의를 깨어 있게 하고, 일상을 흥미롭게 할 수 있을 것입니다.

2. 새로운 요소 도입하기

약간의 새로움이 익숙한 일에 변화를 줍니다. 그리고 일에 주의력을 더해줍니다. 그 일에 익숙해질수록 열정과 에너지는 식기 마련이기 때문이죠. 어떤 피아노 연주자들은 건반을 앞에 두지 않은 상태에서 곡을 해석하고 암기한다고 합니다. 손가락은 그 곡을 아는데 자신은 모르는 곤란한 상황이 생기기 않도록 하기 위해서입니다. 최악의 실수도 그러한 자동적이고 습관적인 데서 발생하기 때문이기도 합니다. 여러분도 일이라는 연주회를 위해서 스스로 마음챙김 상태를 유지할 수 있습니다.

- 작업 환경을 바꿔보세요. 사무실 책상 위나, 작업장 테이블

등 여러분의 작업 환경에 주기적으로 약간의 변화를 주어보세요. 책이나 서류의 위치를 조금 바꾼다던가, 꽃을 바꾸어 놓아보세요. 매일 앉아서 미팅을 했다면 하루 정도는 서서 미팅을 하는 것도 좋겠네요. 아주 약간의 새로움이 주의를 깨어 있게 합니다.

- 다른 장소에서 일을 수행해 보세요. 다른 장소에서 평소의 작업을 시뮬레이션하거나 리마인드하는 것도 좋습니다.
- 일하는 중간에 혼자 산책을 가보세요. 익숙하고 반복되는 작업에서 잠시 벗어날 수 있는 시간을 줍니다. 아인슈타인을 비롯한 많은 과학자들은 말한 바 있습니다. 진정한 아이디어는 생각에서 나오는 것이 아니라 산책 등을 하며 생각이 멈출 때, 직관적이고 감각적으로 찾아온다고요.

3. 의도적으로 멈추고 행동을 안 해보기

가장 중요한 행동은, '몸에 주의를 두고 알아차리기'입니다. 습관은 몸에 배어 있기 때문입니다. 자극이 오면 바로 반응을 하게 만드는 자동 기계 같은 겁니다. 의도적으로 반응을 멈추고, 행동 전에 잠깐 의식적으로 공간을 마련하는 연습을 해보세요.

- 몸에서 무언가 행동하고 싶은 강한 의도가 느껴질 때를 찾아보고, 그 행동을 하지 말아보세요. 예를 들어 눈을 감고 바디

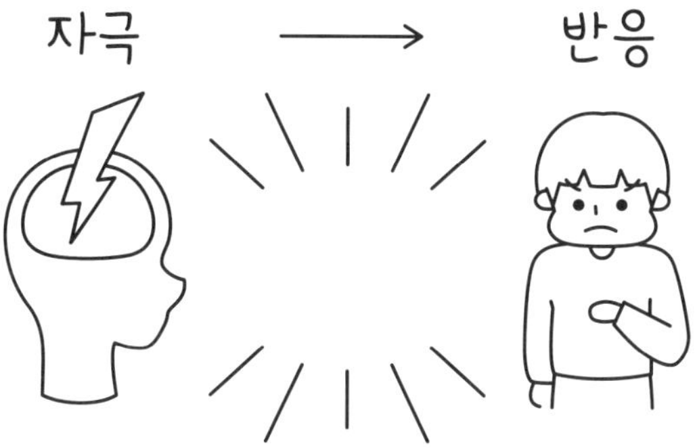

〈 자극과 반응 사이에 공간을 만들기 〉

스캔을 할 때, 스마트폰을 집어 들고 싶은 의도가 생기는 경우가 아마도 꽤, 자주 있을 것입니다. 스마트폰을 집어 들지 말고, 몸의 감각에 주의를 두고 어떤 변화가 생기는지 한번 흥미롭게 관찰해 보세요. 이런 때야말로 몸에 배인 습관을 알아차리고, 습관에 주의를 둘 수 있는 가장 좋은 기회입니다.

- 바디 스캔과 소리 알아차리기, 그리고 마음챙김 커피 타임을 꾸준히 해보세요. 몸에 배인 습관을 바로 알아차릴 수 있는 능력을 키워줄 것입니다.

이처럼 몸의 감각에 주의를 주면, 부주의한 행동이 '주의를 두는' 행동이 됩니다. 자기 관찰도 가능하게 하면서 주의력도 향상시킬 수 있습니다.

'습관의 하인이 될 것인가, 주인이 될 것인가?' 이 질문에 대한 답은 '머리에서 몸으로' 내려올 때 가능합니다. 마음챙김 명상은 이론이나 관념이 아닙니다. 오히려 순간순간의 감각에 주의를 두는, 즉각적이고 단순한 행동입니다. 우선 몸의 주인이 되어보세요. 주의력이라는 고삐를 단단히 쥐고 낯설고 새로운 길로 습관을 이끌어보세요.

오늘의 명상 실습

걷기 명상

(효과) 마음의 안정, 주의력 증대, 자세 교정, 습관 교정

명상 실습 내레이션

오늘 여러분들에게 소개할 마음챙김 명상은 '걷기 명상'입니다. 걷기는 직립 보행을 하는 우리 인간의, 가장 무의식적인 자동 행동이기도 합니다. 우리는 걷는다는 사실조차 모르면서 습관적으로 걷습니다. 온갖 생각과 걱정에 사로잡히기도 하며 지나가는 사람도 풍경도 기억하지 못합니다. 그러나, 그렇기 때문에 습관과 자동 행동을 알아차리고 마음챙김할 수 있는 가장 좋은 수단이 될 수 있습니다.

마음챙김하면서 걷는 것은 일반적 걷기와 다르고 낯섭니다. 다른 말로는, '자신을 알아차리며 걷기'라고 할 수 있습니다. 걷는 동안에 몸의 감각에 주의를 기울이면서 현재에 머무릅니다.

전 세계 명상 센터와 마음챙김 프로그램에서 사용하고 있는, 걷기 명상을 통해 습관으로부터 자유로울 수 있는 힘을 키워보도록 합시다. 언제 어느 때나, 전철을 타러 가거나 계단을 오르내릴 때에도 할 수 있는 명상입니다.

1. 먼저 걸음을 시작하기 전에, 자리에 선 상태로 호흡을 천천히 들이쉬고, 내쉽니다. 남의 몸을 보듯이, 서 있는 자세를 느껴봅니다. 걸음을 시작하기 전에 발바닥의 균형은 어떤지, 골반 쪽은 무거운지, 삐뚤어져 있지는 않은지, 몸은 앞뒤로 기우는지, 어깨의 한쪽에 긴장이 있는지, 목은 앞쪽으로 나와 있거나 뒤로 젖혀져 있지는 않은지, 손이 긴장이 되어 있지는 않은지, 그대로 관찰해 봅니다(이렇게 안정적으로 서 있는 자세를 취하면 스트레스를 유발하는 코르티솔이 감소하고 긍정적인 느낌의 테스토스테론이 증가한다고 합니다). 그리고 '지금부터 걷기가 끝나는 동안은 이렇게 몸을 관찰하겠다'고 몸에게 말을 걸어봅니다.

2. 이제 걸음을 내딛습니다. 오른발이 먼저인지 왼발이 먼저인지, 한번 호기심을 갖고 관찰해 봅니다. 지금까지 몰랐던 새로운 사실을 찾아보듯이, 다음 발을 떼면서 발바닥에 주의를 주어 바닥에 닿는 느낌을 알아차려 봅니다. 그리고 '걸음' 혹은 '왼발, 오른발' 이렇게 마음속으로 이름을 붙여봅니다.

3. 다음 발을 내딛으면서, 걸음이 어떻게 이루어지는지 다리와 발 전체에 주의를 주며 하나하나 느끼며 알아차려 봅니다. 발바닥의 무게감의 변화, 스치는 감각, 바닥에서 느껴지는 온도 등 모든 감각에 주의를 주고 알아차립니다.

4. 그리고 ‘걸음’ 혹은 ‘왼발, 오른발’ 이렇게 마음속으로 이름을 붙여봅니다.

5. 주의를 발바닥과 발에서 느껴지는 현재의 감각에 최대한 집중합니다. 몇 걸음 걸으면서, 자신이 평소에 어떻게 걷는지를 하나하나 관찰해 봅니다.

6. 마음속에 어떤 생각이나 걱정이 들어와도 괜찮습니다. 다만 습관적으로 떠오르는 생각일 뿐입니다. 자연스럽게 다시 발바닥으로 주의를 가져갑니다.

7. 속도를 조금 천천히도 해보고, 멈춰 서보기도 합니다. 스마트폰을 꺼내려고 자동적으로 손이 갈지도 모릅니다. 그럴 때는 손이 움직이려고 할 때 어떤 변화가 있는지를 느껴봅니다. 습관적인 의도를 알아차려 봅니다. 그리고 이름을 붙입니다. ‘의도, 의도….’

8. 멈췄다가 다시 걸어갈 때에는, 걸어가고자 하는 의도를 알아차려 봅니다. 이제 평소보다 천천히 움직이며, 몸의 움직임과 그 변화를 더 알아차리며 걸어봅니다.

9. 골반 위의 허리와 배 부근에도 주의를 두면서 걸어봅니다. 마치 다리가

허리 부근까지 길어진 것 같은 느낌으로, 배 안쪽에서부터 골반, 다리 전체에 주의를 두면서 걸어봅니다. 마음속으로는 주의를 두어 알아차린 느낌에 이름을 붙여봅니다.

10. 산책 중 새소리나 바람 소리가 들린다면, 잠시 멈춰 서서 들어도 좋습니다. 소리에 주의를 기울이고, 소리의 높낮이는 어떤지, 리듬은 어떤지, 듣고 있는 내 귀 주변의 느낌은 어떤지 알아차려 가며 관찰을 해봅니다. '들림, 소리….' 마음속으로는 이렇게 이름을 붙입니다.

11. 걷기를 마칠 때에는, 제자리에 멈춰 선 몸 전체를 그대로 느껴봅니다. 혹시 불편한 부분이 느껴지면 그 부분으로 주의를 옮겨 갑니다. 호흡이 그 부위로 들어오고 나간다고 상상하며, 그 부분으로 숨을 쉬어봅니다. 그리고 천천히 주의를 밖으로 보내어 주변을 한번 둘러봅니다. 주위와 나 자신에게는 어떤 변화가 있는지 한번 느껴봅니다.

보통의 명상 TIP

1 평소 사용하지 않은 손 써보기

'익숙함'으로부터 벗어나 보세요. 습관적인 자동 행동으로부터 주의를 깨어나게 할 수 있는 효과적인 방법입니다. 특정한 행동을 정하여 평소 사용하지 않는 손을 사용해 봅니다. 평소 오른손잡이라면 왼손을, 왼손잡이였으면 오른손을 사용해 봅니다. 예를 들어 여러분이 오른손잡이라면(지난 시간 실습한) 마음챙김 양치를 할 때에, 오늘부터 회사에서 양치할 때는 왼손으로 해봅니다. 집에서 헤어드라이어를 사용할 때 왼손으로 사용했다면 오른손으로 바꿔봅니다. 조금 불편하더라도 시도해 봅니다. 이미 습관으로부터 벗어나 있는 것입니다. 평소에 사용하는 손을 바꾸는 아주 단순한 과정이 자기 자신에 대한 알아차림과 관찰력을 높여줍니다.

2 스마트폰을 두고 산책하기

산책을 하루 15분씩 해보며, 이때 스마트폰과도 이별하는 시간을 가져봅니다. 회사나 집에 스마트폰을 두고 산책을 가도 좋고, 주머니 안 깊숙한 곳에 무음 상태로 넣어두어도 좋습니다.

1. 걸음에 주의를 두며 몸에서 일어나는 현상을 관찰합니다.
2. 소리가 들리면 소리를 관찰하고, 냄새나 향이 느껴지면 그 향을 음미합니다.
3. 습관적으로 스마트폰을 들고자 하는 욕구가 생길 겁니다. 그 욕구가 얼마나 강한지, 혹은 어떻게 사라지는지 느껴봅니다.

하루 15분 산책을 하며 걷기 명상을 하는 것은 평생을 가져가도 좋을 습관입니다. 동료들과 가족들은 달라진 여러분의 모습을 발견하게 될 거예요.

3 고치고 싶은 습관에 '마음챙김 알람'

습관은, 말 그대로 습관적이라 놓치기가 쉬울 것입니다. 그래도 괜찮습니다. 최대한 알아차림을 유지하면서 관찰을 하면 점점 습관의 자동 조종으로부터 벗어나는 자신을 발견할 수 있을 것입니다.

1. 고치고 싶은 습관의 목록을 작성합니다.(예: 다리 떨기, 습관적 음주/흡연, 미루기, 습관적으로 SNS 들여다보기 등)
2. 그중 하나를 택합니다.
3. 그 습관에는 '마음챙김 알람'을 둔다고 기억합니다.
4. 그렇다면 충동이 들 때 알아차리기가 용이해집니다.
5. 알아차리면, 그 행동을 하지 말고 시작부터 끝까지 몸과 마음에서 일어나는 변화를 관찰해 봅니다.

두 마리 늑대

아메리카 인디언 체로키 부족에게는 늑대 우화가 전해 내려오고 있습니다. 오늘도 부족의 오래된 추장은 어린아이들을 모아놓고는 이야기를 들려줍니다.[6]

"우리 모두의 마음속에는 두 늑대가 싸우고 있단다. 두 마리 늑대 모두 너를 가지려고 싸우는 거야. 한 마리는 사나운 늑대야. 분노, 질투, 탐욕, 그리고 거만함과 우월감이야. 또 한 마리는 순한 늑대이다. 이 늑대의 성격은 공감과 친절, 평화란다. 어느 늑대가 이길까?"

아이들은 의견이 분분합니다.

"사나운 늑대가 이기겠지." "그건 안 돼, 순한 늑대가 이겨야지."

추장은 미소를 지으며 대답합니다.

"네가 먹이를 주는 쪽이 이긴단다."

우리 마음속의 늑대들이 우리를 조종하려 한다면, 떠올려보세요. 먹이를 주는 것은 바로 나 자신이라고, 나의 선택이라고.

5

어떻게 일에 집중하고 몰입할 수 있을까?

멀티태스킹의 피로를 극복하기

멀티태스킹의 함정

중소기업에 다니는 유능한 '일잘러' 후배가 커피 한 잔을 놓고 푸념을 합니다. 중소기업의 특성상 거래처도 방문해야 하고 생산 현장도 체크하고 보고서와 기타 사무실 관리 업무도 해야 하는데, 도무지 집중이 안 된다는 겁니다. 퇴근은 시간 맞춰 해야 하기에 열심히 작업을 하고 있다가 이메일 답장을 먼저 하고, 그러는 중에 회의 시간이 닥쳐 회의실로 가면 회의를 하며 카톡에 답장을 하고, 여러 개의 창을 띄워놓고 인터넷 검색을 하며 작성하던 보고서를 보면서 전화를 받고…. 결국 야근을 하게 된다며 하소연을 합니다.

멀티태스킹은 이미 직장인의 삶의 방식이 되어버렸습니다. 2016년 취업 포털 커리어의 조사에서 '현 직장에서 멀티태스킹을 겪은 적이 있거나 겪고 있는가'라는 질문에 직장인 88.24%가 '그렇다'고 대답했다고 하니, 아마 지금은 더한 상황일 것이 분명합니다.

동시에 여러 개의 작업을 하는 능력을 의미했던 멀티태스킹이, 이제는 생활 습관이 되어버렸습니다. 스마트폰은 여러 창을 동시에 띄워놓는 기능을 개발하여 광고하고 있고, 소셜미디어와 이메일, 채팅방과 앱에서 수시로 울리는 알림에 따라 현대인은 끊임없이 여러 작업을 한꺼번에 합니다. 멀티태스킹은 현대 사회 직장인의 필수 능력인 것처럼 보입니다. 상담을 한 후배의 고민처럼, 때로는 멀티태스킹을 해야 업무를 잘하는 것처럼 느껴지기도 합니다.

하지만 후배의 고민은 다른 데 있었습니다. 무슨 일을 해도 집중이 안 되고, 스마트폰이라도 안 들여다보면 마음이 불안하다는 겁니다. 실제로 같은 조사에서도 '멀티태스킹의 부정적인 측면은 무엇이라고 생각하는가'라는 질문에 대한 답으로 '집중력이 떨어진다'가 40.01%였다네요. 이어서 '일을 급하게 처리하게 된다'(34.28%), '심리적으로 초조하고 불안하다'(20.00%), '창의성을 저해한다'(5.71%)라는 의견들이 있었습니다. 즉, 멀티태스킹은 굉장한 주의 산만과 피로, 그에 따른 성과 저하를 야기한다고 할 수 있습니다.

그렇다면 지금과 같은 정보의 홍수 시대에 우리의 뇌도 지키고 업무 효율도 높이려면 어떻게 대처해야 하는 걸까요? 바로 '집중력'에 답이 있습니다.

뇌를 지치게 하는 멀티태스킹

여러분은 동시에 몇 가지 일을 할 수 있나요? 음, 적어도 두 가지는 할 수 있다고요? 요즘 같은 멀티태스킹 시대에 두 가지는 부족하니 세 가지 이상이라는 분도 있을지 모르겠습니다.

그런데 여러 일을 동시에 하고 있다는 느낌, 그건 뇌의 착각이라고 합니다. 연구에 의하면, 우리 인간은 두 가지 이상의 정보에 동시에 100% 주의를 집중할 수 없다고 합니다. 인간의 두뇌는 일반적으로 두 개의 복잡한 작업까지는 처리할 수 있는데, 좌뇌와 우뇌가 각각 일을 따로 맡아 진행하는 것임이 기능성 자기공명영상 촬영으로 밝혀졌습니다. 세 가지 이상을 처리하면 기억력과 집중력이 현저하게 저하되고, 어느 하나를 실수로 놓치게 되어 있다고 합니다.[1]

실제로는 멀티태스킹이 뇌에 좋지 않은 영향을 미친다는 연구 결과가 나오고 있습니다. 영국 서섹스 대학 연구팀은 멀티태스킹을 하도록 한 사람들의 뇌와 그렇지 않은 사람의 뇌를 비교 검사한 결과, 멀티태스킹을 하는 피실험자의 대뇌피질 크기가 줄어들었다는 결과를 발표하였습니다.[2] 런던 대학 정신의학연구소의 연구[3]에서는 근로자 1100명을 대상으로 조사한 결과, 전자 매체로 한 번에 여러 일을 하는 것이 마약을 하거나 잠을 자지 못하는 것보다 더 큰 지능지수 저하를 가져왔다고 합니다. 실제로 작업을 완료하는 데 걸리는 시간이 50% 늘어나고, 실수를 저지르는 확률 역시 50% 늘어난다고 합니다. 요크 대학의 연구[4]에서는 멀티태스킹을 하는 사람은 표준 이해력 테스트에서 그렇지 않은 사람보다 11% 낮은 점수를 받았습니다. 연구자들은 멀티태스킹을 하는 사람 옆에 앉아 있는 것만으로도 이해력이 17%나 떨어진다는 사실을 발견했습니다. 일을 잘 하려고 멀티태스킹을 하면, 각각의 일을 따로 할 때보다 시간도 더 걸리고 효율도 더 떨어지게 되는 셈입니다.

'멀티태스킹을 해야 일을 잘 한다'는 생각은 일종의 환각제를 복용한 것과 같은 상태라고도 합니다. 예컨대, 중요한 업무 중에 카톡 답장을 하는 등 딴 짓을 해도 뇌는 뭔가 과제를 완수했다는 느낌을 받게 되는데, 그 보상 효과로 호르몬(도파민)을 분비하기 때문에 멀티태스킹이 뭔가를 잘한 것 같은 착각을 주는 것이라 합니다.

뇌과학의 연구 결과에 따르면 우리의 뇌는 여러 작업 사이에서 주의를 빠르게 오가고 있습니다. 세 개 이상의 작업 사이를 빠르게 오가면 뇌는 연료가 금방 바닥이 나버리겠죠. 그렇게 되면 탈진해 버리고 인지 수행 능력에 문제가 생기는 것입니다. 마치 작업창을 여러 개 띄워 놓은 컴퓨터가 느려지다가 결국 작동을 멈추는 것과 같습니다.

몬트리올 대학의 인지심리학자 대니얼 레비틴Daniel Levitin 교수는 온갖 정보들이 우리의 주의를 사로잡으려고 뇌에서 쟁탈전을 벌이는 정보 시대에 가장 긴요한 능력은, 다름 아닌 중요한 것에만 집중할 수 있는 주의력이라고 합니다.[5]

그렇다면 방법은 하나입니다. 매 순간 하는 일에 주의를 두고 알아차리는 겁니다. 만일 중요한 것만 할 수 없는 상황이라면, 즉 여러 일을 같이 처리해야 하는 상황이라면, '바로 지금' 하고 있는 일에 조금 더 주의를 두어야 합니다.

도망가는 주의를 알아차리기

주의력이 산만하고 집중이 안 될 경우, 우선은 한 번에 하나의 대상에 주의를 기울여 보는 것이 중요합니다. 전화 받을 때에는 전화 목소리에, 이메일을 보낼 때는 이메일에, 사람과 만날 때에는 그 사람에게, 회의를 할 때는 회의에 주의를 기울이는 것입니다.

실험을 또 해볼까요?

1) 지금 바로, 여러분의 몸에 주의를 두어보세요. 몸에 주의를 둔 상태로 이 책을 봅니다.
2) 아마 습관적으로 생각이 들어 주의가 다른 데로 갈 거예요. 주의를 놓쳤다면, '아! 주의가 달아났구나' 하고 알아차립니

다. 그리고 자연스럽게 다시 호흡 쪽으로 가져갑니다. 들숨과 날숨을 조금 더 느껴봅니다. 책은 계속 보고 있습니다.

3) 이제 책에 조금 더 주의를 주어봅니다. 마치 저의 목소리를 듣고 있다고 상상해 보세요. 그 소리가 어떤지 호기심으로 들어봅니다. 내용에 주의를 기울여 봅니다.

4) 주의가 금세 또 다른 곳으로 갔을지 모릅니다. 바로 행동하지 말고 일단 알아차립니다. 그리고 책으로 다시 주의를 돌립니다.

5) 이제 주의를 다시 의자가 닿아 있는 엉덩이 부분으로 가져와 그 느낌을 알아차려 볼까요?

6) 옆에 커피 잔이 있다면 손의 움직임과 느낌을 알아차리며 커피 잔으로 손을 뻗어봅니다. 펜이 있다면 펜으로 손을 뻗어봅니다. 어떤 사물도 괜찮습니다. 손에 느껴지는 감각에 주의를 두고 천천히 가져옵니다.

7) 그리고 다시 호흡으로 주의를 옮긴 후에 책을 봅니다.

어떠셨나요? 여러분은 지금 여러 가지 일을 하나씩 주의를 주어 처리하는 과정을 성공적으로 마쳤습니다. 책을 보면서 주의를 옮기는, 소위 멀티태스킹을 했음에도 편안한 상태에 머물 수 있었을 것입니다.

사실 여러분은 주의를 100% 대상에 집중하여 머물렀던 것은 아닙니다. 내용을 이해하고 책을 보는 작업에는 주로 좌뇌의 부분이 작동했고, 몸에 주의를 주는 활동은 주로 우뇌가 담당했습니다. 즉, 멀티태스킹을 했음에도 좌뇌와 우뇌가 통합적으로 작동했기에 보다 집중된 상태를 느낄 수 있었던 것입니다. 이리저리 달아나는 주의를 몸에 닻을 내려 붙잡아 놓은 것입니다.

그리고 가장 중요한 또 하나! 생각이나 충동이 들어 산만함으로 주의가 다른 곳으로 갔을 때, 그것을 알아차리고 다시 가져오는 과정이 진행되었죠. 이 과정이야말로 마음챙김 명상의 핵심입니다. 한곳에 주의를 기울이고, 주의가 다른 곳으로 갔으면 그것을 알아차리고, 다시 가져오고, 다시 주의를 한곳에 기울이고, 또 달아난 주의를 알아차리고….

명상이란 아주 고요한 상태나 영적인 상태에 머무는 것이 아닙니다. 특히 처음에는 주의를 한곳에 계속 모으기가 어렵습니다. 주의가 떠나고 방황하는 것을 알아차리고, 다시 주의를 몸으로 가져오는 과정 자체가 마음챙김 명상입니다. 그 과정에서 점차 집중력이 강해지고, 여러 자극들에 휩쓸리지 않게 됩니다. 이 과정에서 뇌가 튼튼해지기 때문입니다.

명상은 뇌의 피트니스

명상의 효과에 대해 수많은 과학적 연구가 수행되고 있는데요, 특

〈 주의 연습에 따라 뇌가 강화되는 과정 〉

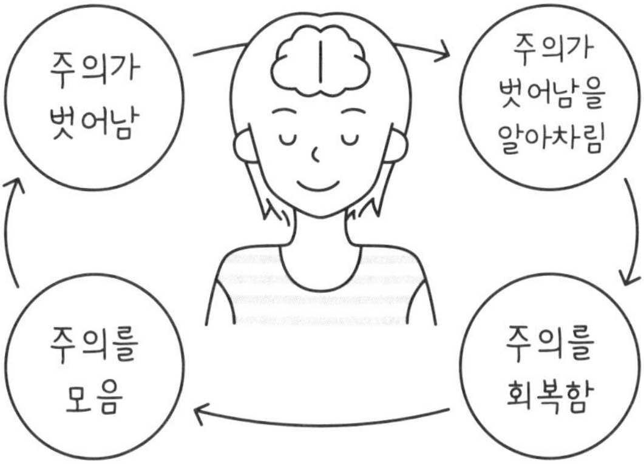

히 뇌과학이 가장 선두에 서 있습니다. 마음챙김 명상 중에 주의를 모으고, 벗어남을 알아차리고, 다시 모으는 과정에서 우리 뇌의 전방대뇌피질의 두께가 증가한다는 유명한 해부학적 연구 결과가 있습니다.[6] 마치 헬스클럽에서 근육 운동을 하듯이, 우리 뇌를 튼튼히 할 수 있는 운동이 바로 명상이라는 거죠. 고도로 집중된 상태를 유지하는 것은 중요하지 않습니다. 주의가 벗어났을 때 이를 알아차리고, 주의를 다시 가져오고, 주의를 모으는 연습이 우리 뇌의 주의력과 자기 조절력, 공감과 관련한 뇌의 부분을 강화해 줍니다.

반대로 위 과정이 없는, 즉 마음챙김이 안 된 상태의 멀티태스킹은 전방대뇌피질의 두께를 줄이는 것으로 밝혀졌습니다.

바디 스캔과 걷기 명상 등 우리가 지금까지 연습한 명상 모두 몸에서 느껴지는 감각에 주의를 주고 그 변화를 순간순간 알아차리는 방법입니다. 딴생각으로 주의가 달아나면 알아차리고 다시 몸의 '닻'으로 돌아왔습니다. 이 모두가 멀티태스킹으로 지친 뇌를 회복시켜 줄 수 있는 과정이었던 것입니다.

뇌가 튼튼해야 업무 효율도 오릅니다. 꾸준한 마음챙김 명상은 우리의 뇌를 건강하게 해주는 동시에 업무 성과도 높일 수 있습니다.

집중력의 퍼스널 트레이너, 호흡

이제 주의를 조금 더 오랜 시간 머물게 하는 단계로 들어가 볼까 합니다.

집중을 하고 싶은데, 집중이 안 되어서, 더 집중을 하려고 하니, 더 집중이 안 되는, 그래서 스트레스를 더 받는 상황은 우리 누구나 경험해 보았을 것입니다. 우리가 지금까지 하나하나 알아보고 연습해 왔듯이, 매 순간마다 그때 그때의 대상에 주의를 기울이고 그대로 알아차리면 이런 악순환에 빠지지 않습니다.

그런데 몸의 한 부분에서 다른 부분으로 주의를 전환하기까지의 시간이 좀 더 길어지게 된다면 어떨까요? 집중력은 저절로 강화될 수 있지 않을까요?

주의 집중의 가장 좋은 대상은, 우리의 호흡입니다. 마음챙김 기반 스트레스 완화 프로그램과 마음챙김 기반 인지치료 등에서 마인드mind를 더욱 마인드풀mindful하게 하는 가장 중요하면서도 가장 쉬운 대상이 우리의 숨, 즉 들숨과 날숨입니다.

왜 명상에서 호흡이 중요할까요?

첫째, 한곳에 초점을 맞출 수 있게 해줍니다. 우리는 살아 있는 한 끊임없이 호흡을 합니다. 몸의 여러 부분에 대한 감각은 계속하여 이동하기 마련인데, 숨은 언제나 그 자리에 있습니다. 마음이 방황할 때, 등대처럼 표식으로 삼을 수 있습니다. 들숨과 날숨이 계속하여 드나들기에, 한곳에 주의를 둘 수 있습니다.

둘째, 관찰하는 자세를 유지시켜 줍니다. 호흡은 우리가 의도적으로 그만둘 수가 없습니다. 명상은 자신에 대한 관찰입니다. 호흡은 우리의 의지나 바람대로 움직이지 않기에, '있는 그대로' 관찰하는 자세를 유지하기에 좋습니다.

셋째, 호흡을 알아차리는 명상은 통합적 인식에도 기여합니다. 우리의 뇌는 현재, 즉 지금/여기에서 일어나는 현상을 알아차리면, 바로 다음 순간에 대한 자동적 대비를 하게 됩니다. 들숨 다음에는 날숨이 오는 것을 우리의 뇌는 자동적으로 예측하는 것입니다. 날숨의 순간이 지나면, 들숨이 또 다른 순간으로 오는 과정, 이 반복적 과정에 대한 알아차림은 뇌에 통합적이고 완전성 있는 정보를 깊게 심을 수 있습니다.

넷째, 감정을 알아차리고 관리할 수 있습니다. 호흡은 우리의 감정과 직접 닿아 있습니다. 즉, 우리의 감정이 변하면 호흡이 변하고 호흡이 변하면 감정 상태가 변합니다. 화가 나면 가쁘게 숨쉬고, 두려우면 순간 숨이 멈춥니다. 호흡이 거칠고 얕고 길고 짧은 것에 따라 마음의 상태를 알 수 있습니다. 또한 날숨은 부교감신경을 자극하여, 감정을 가라앉히는 데에 도움을 줍니다. 마음을 챙기고자 하는 우리에게 가장 좋은 대상이 됩니다.

그렇기 때문에 전 세계의 모든 명상 전통에서는 호흡을 가장 중요시하고 있는 것입니다. '호흡에 깨달음과 행복이 있다', 이렇게 이야기해도 지나치지 않습니다.

영어로 정신 혹은 영혼을 뜻하는 스피릿spirit은 숨을 뜻하는 라틴어 spiritus에 어원을 두고 있습니다. 숨은 우리의 마음 자체이기도 합니다. 마음챙김은 이론이 아니라 실제입니다. 앎이 아니라 삶입니다. 숨에 대한 알아차림을 시작하면, 이제 아까의 이론은 모두 접어두세요. 그냥 호흡에 주의를 두고 알아차립니다.

이제 집중력을 높이기 위한 호흡 명상을 시작해 볼까요?

오늘의 명상 실습

호흡 명상

(효과) 집중력과 주의력 향상

명상 실습 내레이션

호흡 명상은 마음챙김 명상의 가장 중요한 핵심 수행입니다. 보통 가부좌라고 하는 연꽃 자세나 반연꽃 자세로 명상을 하지만, 의자에 앉은 자세로 실시하여도 좋습니다. 이 명상은 바디 스캔처럼 몸의 부위를 따라 주의를 이동하지 않고, 호흡을 베이스캠프로 삼아 들숨과 날숨의 느낌을 계속 알아차립니다. 몸의 다른 부위가 느껴지면 그 부위를 알아차린 후, 다시 호흡으로 돌아옵니다. 생각에 빠져도 알아차린 후 다시 주의를 호흡으로 가져옵니다. 처음에는 10분 정도 실시하다가, 꾸준히 시간을 늘려갑니다. 놀랄 만한 집중력 향상을 경험하실 수 있습니다.

1. 의자에 앉아 척추를 곧게 폅니다. 척추에 동전을 하나하나 쌓은 것처럼 상상하며, 몸이 기울어지지 않게 자세를 바로합니다. 등을 제외한 다른

부분을 편안하게 이완합니다.

2. 먼저 호흡이 일어나는 몸의 어느 부분에 닻을 내릴지 결정해 보겠습니다. 먼저 손가락 하나를 천천히 들어 콧구멍 아래 인중 부분에 가져가 봅니다. 들숨과 날숨이 느껴지면 손을 내리고 그 부위로 호흡을 느껴봅니다.

3. 다음으로는 배에 천천히 손을 올려보세요. 호흡에 따라 팽창하고 수축하는 게 느껴지나요? 그럼 손을 내리고 배로 호흡을 느껴봅니다. 이제 둘 중 하나를 선택합니다.

4. 눈을 감습니다. 이제부터 호흡이 드나드는 곳을 지켜볼 것입니다. 그냥 주의를 그 부위에 편안히 두고, 문을 드나드는 바람을 느끼듯이, 알아차리기만 하면 됩니다.

5. 평소와 다름없이 자연스럽게 숨을 쉽니다. 숨이 쉬어지는 대로, 가장 편안한 상태로 들숨과… 날숨을… 쉽니다.

6. 들숨의 처음부터 끝까지의 과정과 변화를 모두 알아차려 봅니다. 날숨의 시작부터 마지막까지의 전 과정의 느낌도 알아차려 봅니다.

7. 이제 마음속으로 숫자를 붙입니다. 들숨… 날숨… 하나(1). 들숨… 날

숨… 둘(2)…. 이렇게 여덟(8)까지 붙여봅니다. 그리고 다시 하나(1)로 돌아갑니다. 중간에 숫자를 잊어버릴지도 모릅니다. 괜찮습니다. 그럴 땐 다시 하나부터 시작합니다.

8. 생각의 바다에 마음이 흘러가고 있을지도 모릅니다. 걱정일 수도 있고, 계획일 수도 있고, 심지어 명상에 대한 생각일 수도 있습니다. 수시로 그렇게 될 것입니다. 그럴 때마다 주의를 자연스럽게 다시 호흡으로 가져옵니다. 그럴수록 뇌는 더 튼튼해집니다.

9. 주의를 호흡에 다시 두고 그대로 지켜봅니다. 들숨… 날숨…. 마음속으로 여덟까지 숫자를 붙여봅니다.

10. 몸의 다른 부분의 느낌이 강하게 들면, 주의를 호흡에서 그 부위로 이동할 것입니다. 그 부위의 변화를 알아차립니다. 느낌이 사라지면 다시 베이스캠프인 호흡으로 돌아옵니다. 그리고 최대한 호흡에 주의가 머물도록 합니다.

보통의 명상 TIP

1 1분 호흡으로 업무의 우선 순위 정리하기

여러 일이 한꺼번에 충돌할 때, 먼저 행동에 나서지 마세요. 이는 자동적인 반응입니다. 이때는 잠깐 멈추어서 호흡을 합니다. 호흡의 수를 셉니다. 호흡의 수와 함께 일의 목록을 떠올려봅니다. 그리고 다시 우선 순위에 따라 재정렬합니다. 첫 번째 우선 순위는 급하게 새로 들어온 일일지도, 기존에 하던 일일지도 모릅니다. 어떤 일이든 목록의 가장 위에 있는 일에 주의를 집중하며 호흡을 합니다. 옆에 메모지가 있다면 우선 순위를 적어서 잘 보이게 붙여두세요. 그리고 첫 번째 업무를 위한 행동에 나섭니다. 100미터 달리기 선수가 최고의 속도를 내기 위해서는 출발 직전 아주 짧은 시간 호흡을 하며 집중하는 시간이 필요한 것과 같은 이치입니다.

2 전철, 버스를 기다릴 때 호흡에 주의를 두기

집중력은 언제든 연습하고 유지될 수 있습니다. 특별한 일을 하지 않고 혼자 있는 시간에는 주의를 호흡 주변에 두는 연습을 해보세요. 호흡을 등대로 삼고 만일 주의가 몸의 다른 곳으로 가

면 그곳에 주의라는 배를 잠시 머물게 한 후, 다시 등대를 보고 돌아옵니다. 예를 들어 버스를 기다릴 때 호흡에 주의를 두고, 가급적이면 숫자 세기도 해보세요. 그러다 주의가 다리로 가면 그곳을 알아차렸다가 다시 호흡으로 돌아옵니다. 이처럼 '등대와 배'의 관계로 몸에 대한 주의와 알아차림을 연습하면, 어느 순간 놀랍도록 주의력과 집중력이 향상되어 있는 자신을 발견할 것입니다.

당신은 무엇에 바쁜가

중요한 질문은 '당신이 얼마나 바쁜가?'가 아니다.
'당신이 무엇에 바쁜가?'이다.
오프라 윈프리의 철학입니다

내가 반복해서 외우는 주문은 집중과 단순함이다.
스티브잡스의 신념입니다.

'멀티태스커'인 우리에게 던지는 시사점이 큽니다. 참고로, 두 사람 모두 명상을 일과 비즈니스에 있어 가장 큰 동반자로 삼았던 사람들입니다.

6

너무 화가 나는데 어떻게 하면 좋을까?

감정에
휩쓸리지 않기

감정 장애의 위험

"카톡!" 소리에 이 대리는 스마트폰을 엽니다. 문자는 없고 이모티콘만 있습니다. 이모티콘은 한껏 화를 내며 스마트폰을 바닥에 던지고 있습니다. 직장 동료가 또 스트레스를 받았음이 분명합니다. 이 대리는 무슨 일인지 물어봅니다. 상사 중 하나가 분을 참지 못하고 소리를 질렀답니다. 이 대리는 '위로하는 이모티콘'을 보내면서 생각합니다. '이모티콘으로 화도 내고 위로도 하는구나. 우리 직장인들은 참 감정을 표현할 데가 없어….' 요즘 심심찮게 들리는 분노 조절 장애로 인한 끔찍한 사건들이 꼭 남 이야기 같지만은 않습니다.

이모티콘 같은 감정 대리인이 인기입니다. 여러 심리학 전문가들은 자기 감정을 적절히 발산하지 못하는 현대인이 증가했기 때문이라고 원인을 진단합니다.[1] 한 대학 병원의 조사 결과에서는, 직장인 세 명 가운데 한 명이 감정을 숨긴 채 업무를 본다고 응답했답니다. 또 다른 대학 병원의 조사에서는 직장인 중 감정을 누르고 일하는 비율이 43.8%에 해당했고, 그중 우울감을 경험한 비율은 13.9%에 달했습니다.[2]

더욱 놀라운 결과도 있습니다. 감정을 관리하지 못하는 것은 몸의 이상으로 나타난다는 결과입니다. 같은 조사에서 감정을 숨기고 일하는 직장인 남성의 50%, 여성의 57%가 근육과 관절에 이상 증세를 보였습니다. 감정을 어떻게든 털어놓는 직장인보다 10% 이상 높은 비율이라 합니다. 여성 감정 노동자는 우울증 위험이 2.2배나 높다는 연구 결과도 있습니다.[3]

우리 내면에 감정을 쌓아두면 결국 몸과 마음에 모두 이상을 초래합니다. 하지만 직장인들은 온오프라인에서 수많은 사람들과 관계를 맺고 지내야 하는데, 그 수많은 사람에게 모든 감정을 표현하고 살 수는 없습니다. 그렇다고 감정을 모두 숨길 수도 없는 일이죠. 이모티콘에 우리의 감정을 대리시켜야 하는 걸까요? 인터넷 댓글이나 게임으로 해소해야만 하는 걸까요? 정신과 전문의와 심리학 전문가들은 이모티콘, 인터넷 댓글 같은 대리 감정 표현은 근본적으로 감정을 다루지 못한다면서, 직장인 스스로 감정에 대한 훈련이 필요하다 합니다.

미국을 비롯한 서구에서는 마음챙김 명상이 감정을 관리하기 위한 효과적인 훈련법으로 각광을 받고 있습니다. 의료적 목적으로 개발된 마음챙김 기반 스트레스 완화 프로그램은 이제 일반 회사원들에게도 확대되었으며, 구글을 비롯한 실리콘밸리 기업들에서는 마음챙김을 응용하여 자체적인 감정 관리 프로그램을 개발하여 임직원들에게 보급하고 있습니다. 어떻게 하면 마음챙김으로 우리의 감정을 쌓아두지 않으면서도 잘 표현할 수 있을까요?

감정은 어떻게 알 수 있을까

감정이란 무엇일까요? 음, 이 질문은 너무 어렵네요. 질문을 바꿔 보죠. 여러분은 지금 어떤 감정을 느끼고 있나요? 기쁜가요? 유쾌한가요? 혹은 우울하거나 슬픈가요? 안 좋은 일이 있어 짜증이 느껴지나요? 불안하거나 두려움이 있나요? 이 글을 읽다 보니 화가 난다는 분은 설마 없으시겠죠? 그렇다면 지금의 그 감정은 어떻게 알 수가 있나요? 감정은 어디에 있나요?

여러분과 함께 짧은 실험을 해볼까요?

1) 최근에 있었던 가장 기분 나쁘고 화나는 일을 떠올려봅니다. 혹은 아주 어릴 때 너무 억울하거나 상처받았던 사건을 떠올려보세요. 그 사람이 눈앞에 있다고 상상합니다.
2) 가슴 주위에서 어떤 느낌이 느껴지나요? 답답한가요? 뜨거운가요? 심장이 빨리 뛰나요? 얼굴의 느낌도 관찰해 봅니다. 눈썹 주위가 찌푸려져 있나요? 호흡은 거칠어져 있나요? 주먹이 꽉 쥐어지나요? 욕을 하고 싶거나, 어떤 행동을 하고 싶나요?
3) 자, 숨을 깊게 들이쉬고 길게 내쉽니다.
4) 이번엔 가장 기쁘고 즐거운 기억을 떠올려봅니다. 그 기억을 함께한 사람이 눈앞에 있다고 상상합니다. 사랑하는 가족일 수도, 친구일 수도, 동료일 수도 있습니다.

5) 그리고 지금 이 순간, 몸이 어떻게 반응하는지 알아차려 봅니다. 얼굴의 느낌은 어떤가요? 부드럽나요? 떨림이 있나요? 가슴과 배 부근은 어떤가요? 가벼운가요? 어떤 행동을 하고 싶은 느낌이 드나요?
6) 날숨을 길게 내쉬며, 배에 주의를 줍니다. 몇 번 들숨과 날숨에 따라 배가 움직이는 걸 알아차리세요.

이 실험을 통해 여러분은 무엇을 발견할 수 있었나요?

첫 번째로는, 감정은 몸과 연결되어 있다는 것입니다. 화가 날 때 눈썹 주위가 찌푸려지고 호흡이 거칠어지는 것처럼 기쁨을 느낄 때와 화가 날 때 우리의 몸은 그에 따라 특정한 반응을 합니다. 감정을 알아차릴 수 있는 것은 바로 몸에서 느껴지는 감각입니다. 감정은 우리의 몸에 살고 있습니다.

또 하나는, 분노나 기쁨 같은 감정은 꼭 외부에서 오는 것만은 아니라는 사실입니다. 방금 실험에서 여러분이 직접 증명한 것처럼, 감정은 내면에서 불러일으킨 것으로부터 나왔습니다. 다시 말하면, 기쁜 기억을 떠올리면 행복한 감정이 생기고 화가 나는 기억을 떠올리면 분노의 감정이 생깁니다. 즉 기쁨도 분노도 선택할 수 있는 사람은 바로 우리 자신인 것입니다.

감정은 인간이라는 마차를 끄는 말

아르메니아 출신의 철학자이자 심리학자인 구르지예프는 인간을 한 대의 마차에 비유하였는데요, 마차는 바로 우리의 몸입니다. 말은 인간의 감정입니다. 마부는 인간의 지성입니다.[4]

말이 마차를 끌고 가듯이, 우리의 감정은 우리의 몸에 반응을 일으킵니다. 그런데 만일, 말이 마구 날뛰며 달려가는 대로 마차가 끌려간다면 어떻게 될까요? 화가 나서 다른 사람에게 마구 짜증을 내버리는 경우가 있나요? 어디로 가는지도 모른 채 분노에 끌려가다가 '내가 왜 이랬을까' 하며 후회한 적이 있으시죠? 날뛰는 말에 무작정 끌려가던 마차는 언젠가는 전복되고 말 것입니다. 분노 조절 장애로 직장생활과 인생을 망치는 경우까지 갈 수도 있습니다.

만일 말이 주저앉아서 아무 데도 가지 않으려고 한다면 어떻게 될까요? 슬픔에 빠져 있거나, 두려움에 아무 일도 시도하지 못할 때, 무기력에 성과가 계속 떨어질 때, 나아가 우울 증세를 겪을 때, 우리의 몸이라는 마차 역시 아무 데도 못 가고 주저앉을 것입니다.

감정을 억누르면 어떻게 될까요? 말이 달리려고 발버둥칠 때 몸을 묶고 억누른다고 상상해 보세요. 여러분을 누가 힘으로 누르면 어떨 것 같나요? 소리를 지르고 싶은데 입을 틀어막는다면요? 억압된 분노가 어디선가 더 크게 터져버릴 게 분명합니다.

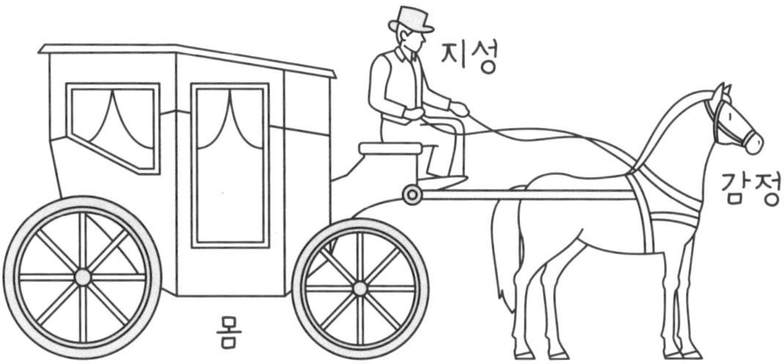

정신분석의 창시자 지그문트 프로이트Sigmund Freud는 이렇게 말했습니다. '억압된 것은 반복적으로 회귀한다'라고요. 풍선의 한쪽을 누르면 다른 곳이 터져버리듯이, 억누른 감정은 그대로 있는 것이 아니라 다른 사람에게 더 크게 튀어나옵니다. 직장에서 억눌린 감정은 집에서 사랑하는 가족에게 표출되곤 합니다. 혹은 자기 자신을 해칩니다. 여러 연구 결과가 말해주듯이, 감정을 억누르는 것은 몸의 질환으로도 나타납니다. 또한 마부가 써야 할 힘이 말을 억누르는 데에 다 쓰여 탈진해 버립니다. 소위 번아웃burn out되어, 우리의 지성이 일과 삶에 쓰이지 못하게 됩니다.

그렇다면, 우리는 어떻게 해야 할까요? 감정을 어떻게 다루어야 할까요? 감정과 연결된 몸에 주의를 기울여 알아차리는 것, 이것이 감정에 대한 마음챙김의 방법입니다.

감정에 이름을 주어라

중요한 것은 마부, 바로 지성의 역할입니다. 마부는 고삐를 손에서 놓치지 않아야 합니다. 그리고 부드럽게 조절해야 합니다. 원하는 방향으로 마차를 몰아야 합니다. 고삐는 무엇일까요? 바로 주의력입니다. 우리 인간이 가진 지성의 특성 중 하나가 주의력입니다. 마부가 말에 연결된 고삐를 손에서 놓치지 않아야 하듯, 우리는 감정이 나타나는 몸에 늘 주의를 기울여야 합니다.

감정은 몸과 바로 연결되어 있습니다. 그러므로 일상에서 몸의 감각에 주의를 두고 알아차리는 연습이 가장 중요합니다. 자, 지금 이 책을 보고 있는 이 순간에도 몸의 한 부분에 주의를 두세요. 특히 호흡에 주의를 둡니다. 들숨과 날숨을 쉬면서 몸을 알아차립니다. 그 상태에서 제 이야기를 들어주세요.

말의 고삐는 부드럽게 쥐어야 합니다. 그래야 말이 어떤 상태인지, 어떻게 움직일지 알 수 있겠죠. 이처럼 감정은 강제하는 것이 아니라, 부드럽게 알아차리는 것입니다. '아, 지금 이 감정은 무엇이구나.' 이렇게 알아차려야 합니다.

감정을 잘 다룰 수 있는 효과적인 방법은, 알아차린 감정에 이름을 붙이는 것입니다. 예를 들어, 짜증이 날 때는 몸에서 느껴지는 감각에 주의를 주고 '짜증' 혹은 '짜증이 나고 있구나', 이렇게 알아차리는 것입니다. 그러면 자극과 반응 사이에 짧은 공간이 생기고, 그만큼 짜증의 강도가 줄어들게 됩니다. 어렵지 않죠?

감정에 이름을 바로 붙이는 간단한 방법이 어떻게 효과를 가져올 수 있는 걸까요? 우리 뇌의 작동 방식을 보면 알 수 있습니다.

감정에 납치당하지 않기 ⁄5

인간의 대뇌는 크게 세 부분으로 구성되어 있습니다. 뇌간, 대뇌변연계, 대뇌피질입니다.

뇌간은 '파충류의 뇌'라고도 합니다. 심장 박동과 호흡, 움직임 등 몸의 반응을 조절하는 등의 가장 기본적인 과정을 수행합니다. 대뇌변연계는 '포유류의 뇌'라고도 하여 애착과 감정, 감정에 대한 내적 감각, 내분비 등을 관장합니다. 대뇌피질은 '인간의 뇌'라고도 하여 진화의 마지막 단계에 해당하는데요, 지각, 계획, 언어 등 한층 복잡한 과정들을 조절하게 해줍니다. 중요한 점은 '주의와 알아차림'이라는 사고 능력 역시 바로 인간만이 가진 이 대뇌피질의 기능이라는 점입니다(단순화하여 비유하면, 뇌간은 마차, 대뇌변연계는 말, 대뇌피질은 마부에 해당합니다).[6]

감정은 대뇌변연계 안의 편도체라는 부위에서 주로 관장합

〈 뇌의 세 부분 〉

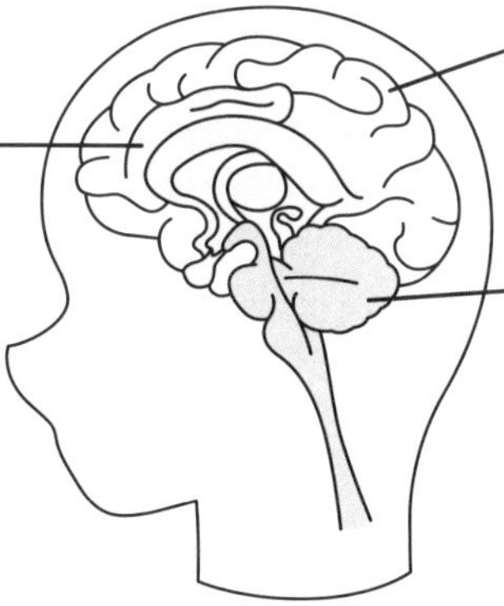

니다. 그래서 편도체를 '감정 뇌'라고 부르기도 합니다. 편도체는 포유류가 외부의 위험과 만났을 때 '싸울 것인가, 도망갈 것인가' 하는 생존과 관련된 부분을 담당하고 있습니다. 몇만 년의 시간 동안 자연의 위협에 노출된 인간은 그렇게 진화할 수밖에 없었겠죠. 포식자 앞에서 이성적 생각과 판단을 하게 되면 이미 잡아먹히고 말았을 테니 말이죠. 그렇기 때문에 분노나 공포 등의 감정이 형성되면 편도체는 몸에서 스트레스 호르몬을 분비하도록 합니다. 이 호르몬이 인지와 생각을 담당하는 '인간의 뇌(대뇌피질)'의 활동을 억제하는 것입니다. 그러니 사실, '화가 나서 꼭지가 돌아버렸다'는 말은 뇌과학적으로 맞는 말이기도 한 것입니다.

알아차림과 이름 붙이기는 대뇌피질의 활동과 관계됩니다.

그러므로 주의를 주어 이름을 붙이는 행위는 '꼭지가 돌지 않게' 하기 위한 좋은 방법인 것이죠. 즉, 호르몬으로 억제된 '인간의 뇌'의 활동을 활성화하게 되어 감정이 몸과 마음을 바로 지배하지 않게 하는 겁니다.

그런데 이런 의문이 들지 않으세요? '화내면 안 돼! 그러면 앞으로 회사생활이 힘들어질 거야. 참자, 참아야 해.' 이러한 대응도 대뇌피질의 활동이지 않을까요? 맞습니다. 이 방법은 당장에는 효과가 있습니다. 앞서 보았듯이, 감정을 억누르는 경우입니다. 그러나 감정을 억누르면 스트레스 호르몬의 분비가 더 활성화됩니다. 감정을 억누르려 할수록 그 감정이 더 생겨나는 악순환이 되어 결국 스트레스는 몸 안에 차곡차곡 쌓여가게 됩니다. 이렇게 쌓인 분노를 한꺼번에 표현할 만만한 대상이 나타나길 기다리면서….

감정은 생각과 논리에도 먹이를 줍니다. 감정에 휩싸인 상태에서는 감정의 이야기에 압도당하게 됩니다.

알아차림은 이와는 다릅니다. 이야기와 논리를 만들지 않습니다. 그 상황이나 대상을 해석하거나 부정하지 않습니다. 감정의 이야기에 빠지지 않고, 감정 자체를 바라봅니다. 감정이 느낄 때 몸에 나타난 느낌과 감각에 주의를 두게 되면 감정에 생각과 해석이라는 먹이를 주지 않게 됩니다. 그러면 감정은 얼마 동안 머물다 가버립니다.

〈 일상적 반응 〉

〈 이름 붙이기 〉

감정에 이름을 주는 순간 감정은 '대상'이 될 수 있고, 그 감정은 더 이상 나를 지배하고 영향을 행사하기 어렵게 됩니다. 그리고 이름을 받은 감정은 하나의 '살아 있는 존재'가 되어 다른 기능을 수행할 수 있습니다.

'내가 화를 낸다!' '이렇게 화내는 내가 싫어!' 우리의 일상적 반응이죠. 하지만 화를 낸 모습을 객관적으로 바라보고 이름을 붙이거나 있는 그대로의 현상으로 받아들이면 반응이 달라질 수 있습니다. '화가 나타났구나', '화가 내 안에서 작동하고 있구나'처럼 있는 그대로의 내 모습을 객관적으로 바라볼 때, '화가 난 나'와 '원래의 내'가 동일시되지 않게 됩니다. 화는 잠시 나타났다가 사라지는 현상임을 알게 됩니다.

〈 일상적 반응 〉 〈 이름 붙이기 〉

즐거움도 마찬가지입니다. 기쁨만을 추구하게 되면 그 쾌감을 다시 느끼기 위해 도파민이라는 보상과 관련한 신경전달물질을 갈구하게 된다 합니다. 지속적인 자극과 그에 대한 보상으로서 도파민을 추구하는, 소위 '도파민 중독'이라는 게 일어날 수 있습니다. 흔히 도박 중독자가 이에 해당한다고 하죠. 하지만 즐거운 그 느낌에 주의를 주어 '즐거움'이라 이름 붙이면, '이 즐거움이 사라지면 어쩌나' 하는 아쉬운 생각이나 '아, 이 즐거움을 또 찾고 싶다'는 여한 없이, 그 순간의 즐거움을 있는 그대로 만끽할 수 있게 됩니다.

이 과정이 반복되면 어느 순간 화가 나더라도 이렇게 이야기할 수 있지 않을까요?

"아, 얘가 '화'구나. 또 왔네? 이제 나는 너를 알아."

노련한 마부가 부드럽게 고삐를 잡아 말의 상태를 알아차리듯이, 나의 감정 상태에 주의를 주어 이름을 붙여보세요. 그러면 우리의 뇌는 스스로 몸의 균형을 적절히 잡아가는 과정을 진행하게 됩니다.

부정적 감정도 소중한 에너지이다

여러분, 이런 이야기 많이 들어보셨죠? "긍정적 생각을 해라! 긍정적 감정을 가져야 해!"

그런데 마음챙김에서는 긍정적 감정만을 추구하고 부정적 감정은 피하라고 하지 않습니다. 긍정적 생각만 하고, 부정적 생각은 하지 말라고 말하지도 않습니다. 우리 인간은 이미 '여러 감정들'을 모두 가지고 있는 존재입니다. 외부의 자극이 오면, 그 감정들은 부정과 긍정이라는 딱지에 상관 없이 생겨나게 되어 있습니다. 그러한 감정에 압도당하고 지배당하느냐, 아니면 '나라는 마차를 끌 수 있는 말'로 사용하느냐, 중요한 것은 여기에 있지 않을까요?

알아차림은 좋고 나쁨, 긍정과 부정, 옳고 그름을 판단하지 않습니다. 알아차림으로 그저 있는 그대로 관찰하고 수용하는 특성을 갖고 있습니다. 어떠한 감정이든 있는 그대로 수용할 때 소위 부정적인 감정에 대처할 수 있게 되고, 부정적 감정이 비로소 우리 삶에 긍정적인 역할을 할 수가 있게 됩니다.

마음챙김은 어떤 감정이든 부정하고 거부하지 않습니다. 특히 부정적인 감정일수록 거부하지 않고, 있는 그대로 알아차리는 것이 중요합니다.

감정은 마차를 끄는 말입니다. 즉, 에너지이기도 합니다. 일을 수행하는 데 있어 강력한 추진력이 되기도 합니다. 예를 들어, 적절한 분노는 전사warrior들에게 꼭 필요한 감정이 아닌가요? 평소보다 더 큰 힘을 발휘해 과업에서 승리하고 목표를 달성할 수 있게 해줍니다. 기쁨의 감정은, 말할 것도 없이, 일을 원활하게 하고 몰두하게 해줍니다. 놀이처럼 즐겁게 몰두하면 평소보다 더 긴 시간을 집중할 수 있습니다. 슬픔의 감정은 때로 다른 사람의 마음까지 움직입니다. 아리스토텔레스가 비극의 정의에서 이야기했듯이, 슬픔은 카타르시스와 공감을 불러일으키기도 합니다. 이처럼 감정이라는 에너지를 능숙하게 조절할 수 있다면, 우리는 일과 삶의 에너지를 얻을 수 있습니다.

특정한 감정을 싫어하고 거부하는 것 자체가 사실 혐오라는 감정입니다. 이 역시 알아차리고 이름을 주어야 할 대상입니다. 어떤 감정이나 상황, 어떤 사람에 대해 싫어하는 느낌이 들 때에는 '싫어함', '혐오함', 이렇게 이름을 주어서 그 정체를 알아차리세요.

어떠한 감정이든, 그것이 분노나 짜증, 두려움, 슬픔일지라도 그대로 부드럽게 알아차리고 이름을 줄 때 그 감정들은 일과 삶을 위한 에너지로 전환될 수 있습니다.

감정에 대한 리더십 – 회피에서 접근으로

여러분, 리더십을 가진다는 것은 무엇일까요? 여러분의 리더가 당신이 싫다고 면담도 하지 않고 회피한다면 어떨 것 같나요? 반대로 당신이 어떤 성격의 사람이든 부드럽게 접근하고 인정해준다면요? 리더십이란 회피하는 자세일까요, 접근하는 자세일까요?

위스콘신 대학의 리처드 데이비슨Richard Davidson 교수는 인간의 뇌가 '접근 시스템'과 '회피 시스템'으로 나누어진다는 것을 발견하였습니다. 연구팀에 따르면, 인간이 부정적인 감정을 회피하려 할 때 우측 전두엽이 더 활성화됩니다. 반대로 긍정적인 감정은 접근하려는 성향을 보이는데, 이때에는 좌측 전두엽이 활성화됩니다. 그는 마음챙김 기반 스트레스 완화 프로그램을 정립한 매사추세츠 의과대학의 카밧진 교수와 함께 어떤 실험을 행하였는데요, 모 생명공학 회사 직원들에게 8주간의 마음챙김 명상을 배우고 실습하게 한 후 뇌 활성화 정도를 측정하였습니다. 어떤 결과가 나왔을까요? 참여자 대부분의 뇌에서 좌측 전두엽의 활성화, 즉 '접근 시스템'의 비율이 커졌음이 확인되었습니다.[7]

주목할 점은, 우리가 강의를 시작했을 때 했던 실험과 같이, 과거에 불행하고 기분 나쁜 기억을 떠올릴 때에도 이 '접근 시스템'이 계속 작동했다는 점입니다. 직원들은 과거의 안 좋은 기억으로 인한 분노나 슬픔, 우울함, 짜증 등을 회피하거나 적으로 삼아 맞서 싸우는 대신 부드럽게 다가가 보듬어주어야 하는, 하나의 대상으로 간주하였던 것입니다. 즉, 소위 부정적인 감정도 회피하지 않고 바라보게 된 것입니다. 감정에 대한 리더십이 생겨난 것이죠.

인간은 감정이 있어 아름다운 존재입니다. 사랑하는 가족의 얼굴을 떠올려보세요. 여러분 어머니의 삶을 떠올려보세요. 사랑하고, 미워하고, 화를 내고 짜증 부리고, 슬픔에 눈물 흘리고, 행복하고 기뻐 웃음 지었던 수많은 순간들이 떠오를 것입니다. 우리 인간을 진정으로 아름답게 하는 것은, 바로 그 감정들입니다. 어떠한 감정이든 회피하거나 부정하지 마세요. 주의를 주어 가까이 다가가, 알아차림으로 부드럽게 안아주세요. 그리고 마음속으로 이야기해 봅니다. '고맙습니다.'

네, 감정들은 이처럼 고마운 존재들입니다. 여러분의 삶을 풍요롭게 하는 고마운 팀원들인 감정을, 부드러운 리더십으로 이끌어주세요.

다시 말과 마차, 마부 이야기로 돌아가 보겠습니다. 질문을 하나 하겠습니다. 마차는 마부의 것일까요? 아닙니다. 주인은 마차 안에 타고 있을 것입니다.

마부에게 목적지를 정해주는 것도, 명령을 내리는 것도 바로 우리 자신입니다. 마부로 하여금 마차를 손보고 튼튼히 손질하게 하는 것도 우리 자신입니다. 감정과 몸, 그리고 주의와 알아차림을 포함한 지성을 모두 적절히 사용할 줄 아는 것, 그것이 바로 '내면에 대한 리더십'입니다. 감정에 대한 리더십을 가질 때, 우리는 몸도 건강히 하고, 일과 삶의 목표를 향해 우리 자신을 데려갈 수 있습니다.

감정 마음챙김 5단계

지금까지 알아본 바를 정리하여, 감정에 대한 리더십을 갖기 위한 마음챙김 과정을 같이 만들어볼까요?

첫 번째 단계는 '일단 멈춤'입니다. 감정적으로 흥분하게 되면 스트레스 호르몬이 뇌 전체를 지배하러 달려갑니다. 이때(!) 신호등에 빨간불을 켜고, 감정에 반응하지 말고 일단 멈추는 것이 중요합니다. 자동 기계처럼 특정한 자극이 오면 바로 '버럭!' 하지 않고, 자극과 반응 사이에 공간을 만드는 것입니다.

두 번째는 '3초 호흡'입니다. 크게 들숨을 들이쉬고, 길게, 바닥까지 닿을 수 있도록 날숨을 내쉽니다. 들숨은 교감신경을, 날숨은 부교감신경을 활성화합니다. 이 과정에서 스트레스를 경감하는 세로토닌이라는 호르몬이 분비가 되어, 달려오던 스트레스 호르몬을 완화시킵니다. 감정을 마주할 준비가 된 것입니다.

세 번째 단계는 '주의 주기'입니다. 감정적 흥분에 지배당할 뻔한 대뇌피질을 가동시키는 것입니다. 편도체가 흥분시키고 신경계가 만든 몸의 변화된 감각에 주의를 주어 관찰합니다. '내가 흥분했구나. 호흡이 빨라지는구나.' 이 감정이 어떻게 작동하는지 어떤 기능이 있는지 알아봅니다.

네 번째 단계는 '이름 주기'입니다. 관찰된 몸의 상태를 알아차리고 중립적 이름을 붙입니다. 흥분, 화, 놀람…. 이름 없이 떠돌던 감정은 이름을 부여받아 나의 부하 직원이 될 수 있습니다.

감정 마음챙김 5단계

일단 멈춤	감정적으로 흥분하게 되면 일단 멈춤
⇩	
3초 호흡	깊이 들이쉬고 길게 내쉼
⇩	
주의 주기	몸의 느낌에 주의를 보내어 관찰함
⇩	
이름 주기	관찰된 느낌에 이름을 붙임
⇩	
행동하기	이름 붙인 감정을 의도적으로 현재의 일을 위한 에너지로 활용함

마지막은, '행동하기'입니다. '활용하기'라고도 할 수 있습니다. 감정에 지배받지 않은 상태에서 행동하는 단계입니다. 나아가 감정이라는 부하 직원을 일에 의도적으로 쓰는 것입니다. 슬픔으로 인한 흥분을 알아차리면, 순수하게 슬픔을 표현할 수 있습니다. '흥분된 화'와 '조용한 분노'는 다릅니다. 상대방에게 버럭 화를 내서 관계를 악화시키는 것이 아니라, 적절히 화가 났음을 표현합니다. 화를 계속 쌓아두면 '적대감'이 됩니다. '행동하기'는 화가 만

들어낸 몸의 열기를 용기가 필요한 다른 일에 사용하여 소진하는 것입니다.

물론 이 과정은 한꺼번에 일어나는 것이지, 하나하나 단계가 나누어지지는 않습니다. 마음챙김 명상을 꾸준히 하고, 스스로를 관찰하고 알아차리는 것이 습관이 되면 저절로 감정에 대한 리더십이 길러질 것입니다. 하지만 그 전에는 의식적으로 일단 멈추고, 호흡하고, 알아차리기를 해보세요. 감정이 나타날 때는 자극이 강하기 때문에, 오히려 몸에서 일어나는 감각을 알아차리기 좋은 기회입니다.

만일 실패해도 괜찮습니다. 감정에 압도당했다고 좌절하지 마세요. 그럴 때는 집에 돌아와서, 감정챙김 명상을 실습해 보세요. 그러면 조금씩 감정에 대한 리더십이 생겨날 겁니다. 자, 같이 해볼까요?

오늘의 명상 실습

감정챙김 명상

효과 감정 관리 능력 향상, 회복탄력성 증대

명상 실습 내레이션

오늘은 감정에 대한 리더십을 향상하기 위해, 감정을 마음챙김하는 명상을 해보도록 하겠습니다. '감정 마음챙김' 5단계, 기억하시죠? '일단 멈춤', '3초 호흡', '주의 주기', '이름 주기', '행동하기'. 이를 일상생활 속에서 활용하고 회복탄력성을 강화하는 연습을 해보겠습니다. 정기적으로 시간을 내서 이 명상을 해주세요. 명상은 마음에 대한 피트니스와 같아 많이 하면 할수록 관련한 뇌 기능이 강화됩니다. 특히 감정을 마주하는 명상을 통해 마음속에서 응어리진 감정에 대한 회복력을 증대하는 데 도움이 될 거예요. 이 명상은 몸-호흡 명상, 바디 스캔 등 다른 명상 중에 응용할 수 있습니다. 다른 생각에 빠져 감정이 올라올 때 활용해 보세요.

1. 자, 의자에 편히 앉습니다. 엉덩이를 의자 뒤쪽에 바짝 붙어 앉고 척추

를 바로 세웁니다.

2. 자세는 감정과 직결됩니다. 움츠린 자세를 한 사람을 상상해 보세요. 그러한 자세는 감정까지 우울하게 합니다. 그렇다고 너무 과장된 바른 자세는 감정까지 경직되게 합니다. 척추를 제외한 모든 부분을 편안하게 합니다. 모든 감정을 허용할 수 있다는 듯, 이완된 자세를 취합니다. 눈꺼풀의 움직임을 인식하며, 서서히 눈을 감습니다.

3. 들숨을 평소보다 크게 들이쉽니다. 그리고 날숨을 더 길게 내쉽니다. 들이쉬고, 길게 내쉽니다. 조금 더 짧고 깊게 들이쉬고, 더 길게 하~~~ 하고 내쉽니다. 들이쉬고…, 하~~~ 내쉽니다. 이제 서서히 가슴 부근에 주의를 둡니다.

4. 계속 숨을 쉬면서, 가장 화가 났던 일을 떠올립니다. 오늘 일도 좋고, 아주 어릴 적 일도 좋습니다. 심하게 다투었던 일도 좋고, 어릴 적 억울했던 일이나 폭행을 당한 일도 좋습니다. 생각만 해도 화가 치미는 일이 있지 않나요? 숨을 크게 들이쉬며, 그 일을 떠올려봅니다. 숨을 길게 내쉬며, 그와 관련된 사람도 같이 떠올립니다. 호흡이 거칠어집니다. 서서히 화가 나기 시작합니다.

5. 화가 나고 있는 것을 알아차렸으면 이제 '일단 멈춤'을 합니다. 그리고

'3초 호흡'을 합니다. 호흡을 알아차립니다. 이제 '주의 주기'입니다. 가장 크게 감정이 느껴지는 몸의 부위에 주의를 줍니다. 아마 심장이 있는 가슴 부위에서 가장 큰 감각이 느껴질 것입니다. 혹은 변화한 얼굴일지도 모릅니다. 긴장된 어깨 부위나, 손이 불끈 쥐어졌다면 손도 괜찮습니다. 그 감각에 주의를 보내어 그대로 관찰합니다. '이렇게 느껴도 괜찮아' 하는 마음으로 몸에게 주의를 보냅니다.

6. 이제 마음속으로 '이름 주기'를 합니다. '화가 남', '답답함', '짜증', '분노'…. 어떤 이름도 괜찮습니다. 몸의 감각을 그대로 느끼면서, 그 감각에 이름을 붙입니다. 주의는 계속 그 부위에 머뭅니다. 화를 부드럽게 안아주는 상상을 해도 좋습니다. 그 느낌을 그대로 느낍니다. 이제 주의를 확장하여, 몸 전체에 화가 있는지를 한번 관찰해 봅니다.

7. 이제 '행동하기'를 연습할 것입니다. '화'에게 이야기한다고 상상을 하며 마음속으로 이렇게 이야기합니다. '나를 지켜줘 고마워.' 이렇게도 이야기해 봅니다. '네가 다시 오더라도, 나는 널 알아보고 환영할게.' 그리고 몸에서 일어나는 변화를 관찰해 봅니다.

8. 화가 사라졌다면, 다시 숨을 들이쉬고 내쉬면서 호흡을 알아차립니다.

9. 이제 가장 행복했던 기억을 떠올려봅니다. 즐거운 파티에서의 순간도,

아주 어릴 적 기억도 좋습니다. 기쁨에 겨워 큰 웃음을 지었던 때가 서서히 떠오릅니다. 그 순간을 함께한 사람도 눈앞에 있습니다. 즐겁고 유쾌한 기분이 몸을 서서히 덮쳐갑니다.

10. 기분이 좋음을 알아차렸으면 이제 '일단 멈춥'니다. 감정이 올라왔음을 알아차립니다. '3초 호흡'을 합니다. 들이쉬고, 길게 내쉽니다. '주의 주기'를 합니다. 가슴 부근으로 주의를 주어봅니다. 얼굴 표정도 좋습니다. 호흡은 어떻게 변화하였나요?

11. 이 감정에 중립적인 이름을 붙입니다. '기쁨', '행복', '즐거움'…. 몸의 감각을 그대로 느끼면서, 이름을 붙입니다. 주의라는 에너지로 그 느낌을 부드럽게 안아줘 봅니다. 지금의 그 느낌을 있는 그대로 최대한 느낍니다.

12. 마음속으로 이야기합니다. '나와 함께 해주어 고맙습니다.', '이제 당신을 보냅니다. 당신이 다시 왔을 때, 나는 당신을 집착하지 않고 그대로 환영할 것입니다.' 다시 숨을 천천히 들이쉬고 내쉽니다.

13. 이제 당신이 내일까지 해야 할 일을 떠올립니다. 급하게 마무리를 해야 할 일이 있나요? 그 일을 지시한 사람도 같이 떠올립니다. 어떠한 감정이든 느껴도 괜찮습니다. 답답한가요? 짜증이 나나요? 혹은 설레는지도 모릅니다. 서서히 그 감정이 덮쳐옵니다. 이제 감정 마음챙김의

다섯 단계를 실시합니다. 잠시 멈추고, 호흡하고, 지금 몸에서 느껴지는 느낌에 주의를 보내세요. '이렇게 느껴도 괜찮아' 하는 마음으로 부드럽게 느껴봅니다. 그리고 느껴지는 느낌에 이름을 붙여봅니다. '답답함', '짜증', '걱정'…. 그리고 그 느낌이 사라질 때까지 주의를 주어 지켜봅니다. 몸의 다른 부위로 옮겨갔으면, 그쪽으로 주의를 돌립니다. 그 감정의 정체를 알아보겠다는 듯이, 변화를 관찰해 봅니다.

14. 그리고 마음속으로 이렇게 이야기합니다. '고맙습니다.' '당신이 있어서 내가 해야 할 일이 어떤 것인지 더 잘 알게 되었습니다', '눈을 뜨면 나

는 내 일을 하겠습니다.' 이 간단한 말이 몸에 일으키는 변화를 관찰해 봅니다.

15. 이처럼 감정은 일어났다가 사라집니다. 잠깐 멈추어, 호흡하고, 주의를 주어 이름 붙이면, 제 역할을 하고 사라지는 것이 우리의 감정입니다. 감정들은 모두 당신이 만든 것이고, 당신을 위해 봉사하기 위해 존재합니다. 회피할 필요도, 집착할 필요도 없습니다. 부드럽게 다가가 있는 그대로 바라보고, 안아주세요.

16. 이제 주의를 호흡으로 옮깁니다. 천천히 부드럽게 몇 번 호흡을 합니다. 그리고 서서히 눈을 뜹니다. 그리고 주위가 어떻게 인식되는지 한번 느껴봅니다.

지금 어떠신가요? 감정적으로 격한 하루였다면, 일과를 마치고 조용한 곳에서 감정챙김 명상을 해보세요. 그러면, 머지않아 감정에 대한 리더십이 생겼음을 알아차릴 수 있을 것입니다.

보통의 명상 TIP

1 '감정 방아쇠' 리스트를 만들어 보기

사람마다 성장 과정과 기억, 주변 환경이 다르기 때문에 특정한 감정을 일으키는 요인들이 다릅니다. 여러분 각자의 '감정 방아쇠' 리스트를 만들어보세요. 다음 여섯 가지 감정을 적어보고, 어떨 때 그 감정들이 일어나는지를 기록해 봅니다. 감정의 방아쇠의 리스트를 만드는 작업은, 평소에 감정을 알아차리는 능력을 높여줍니다. 필요하면, 팀원들이나 주위 사람들과 함께 서로 물어보면서 같이 해보세요. 자신에 대해 지금까지 몰랐던 특별한 발견을 하게 될지도 모릅니다.

감정들	감정의 방아쇠
분노/화/짜증	예) '너는 왜 이래?'라는 말을 들었을 때
슬픔	
혐오/싫어함	
기쁨/즐거움	
소심함/회피	
편안함/이완	

2 모든 감정에 감사하는 연습해 보기

사람들을 만나기 전이나 감정의 소모가 필요한 일을 앞두고는 '난 이 자리에서 감정 마음챙김을 할 것이다', 이렇게 마음을 먹고 그 시간에 임해보세요. '일단 멈춤'이 중요합니다. 멈추고 호흡을 하세요. 평소에 바디 스캔, 마음챙김 커피 타임, 호흡 명상을 하셨다면 알아차림은 자동적으로 따라올 수 있습니다.

그리고 어떠한 감정이 들어도 그 감정을 그대로 받아들이며 인정하고 감사하는 연습을 해보세요. 부적절한 감정을 느끼는 자신을 비난할 필요가 없습니다. 감정은 지극히 일반적인 것입니다. 자신에게 관대해져 보세요. 감정들은 모두 각각의 역할이 있음을 이해하고, 감정이 느껴졌을 때는 화, 기쁨, 다른 어떤 감정이더라도 '고마워'라고 속으로 이야기해 줍니다. 일상에서 큰 변화를 느낄 수 있을 것입니다.

인사이드 아웃

픽사의 애니메이션 《인사이드 아웃》을 보셨나요? 주인공의 내면에 있는 감정들이 여러 캐릭터로 등장한 영화였죠.

화, 두려움, 기쁨, 싫음, 슬픔의 여러 감정들은 '컨트롤 센터'에서 조종간을 잡고 주인공의 상황과 기억에 따라 번갈아 버튼을 누릅니다. 감정들은 이처럼 여러분의 삶을 위해 역할을 하고 봉사하는 존재들입니다.

영화처럼 그들에게 이름을 붙여주세요. '버럭이', '소심이', '기쁨이', '까칠이', '슬픔이'.

위기에 처한 주인공의 행복을 찾아주기 위해 감정들이 무의식의 세계로 모험을 떠났던 것처럼, 우리가 알아차린 감정들은 우리의 행복을 위해 봉사할 거예요.

7

어떻게 잡념과 딴생각을 줄일 수 있을까?

복잡한 생각을 정리하기

마인드 바캉스

'번아웃burn out 증후군'이라고 들어보셨나요? 세계보건기구WHO는 직장인들이 만성적인 스트레스로 인해 겪고 있는 증후군을 이렇게 정의하였습니다. 취업 포털 잡코리아가 직장인 492명을 대상으로 한 설문 조사 결과, 응답자 중 무려 95.1%가 직장에서 번아웃 증후군을 경험했다고 합니다.[1] '탈진, 소진 증후군'이라고도 불리는 번아웃은 과도한 스트레스로 인해 만성 피로와 무기력증을 느끼는 현상입니다. 일종의 '정신적 탈진'이라고 볼 수 있습니다. 특히 MZ세대가 정신적 탈진 상태에 더 민감하게 반응한다는 미국의 연구 결과도 있습니다.[2] 스마트폰, 인터넷, SNS 등을 일과 삶에서 누구보다 더 많이 사용하고 있는 세대가 더 많은 경쟁과 비교, 그리고 정보에 노출되어 있기 때문이라고 합니다.

해외의 전문가들은 번아웃 증후군의 가장 큰 원인으로 '뇌의 과부하'를 꼽습니다. 우리가 과식을 하면 체하듯이, 뇌 안의 생각 과부하로 뇌의 스트레스 시스템이 과도하게 활성화되어 있다는 것이죠.[3] 컴퓨터를 꺼도 스마트폰은 계속 연결되어 있습니다. 휴일에도 이메일은 계속 체크를 하고, SNS는 계속 자극을 줍니다. 우리의 뇌는 끊임없이 생각에 생각을 거듭하게 됩니다.

생각의 과부하는 불면증까지 초래합니다. 한 대학 병원의 조사 결과, 국내 불면증 환자는 2012년 40만 명이던 게 2016년에는 54만 명까지 급증했습니다.[4] 불면증의 가장 큰 원인은 지나친 걱정으로 긴장과 각성 정도가 높아지는 데 있다고 합니다. 생각 과식으로 잠 못 드는 직장인이 늘어나고 있는 것입니다.

심리학계에서는 《정리하는 뇌》[5]라는 책이 베스트셀러에 오를 정도로, 머릿속과 생각을 정리하는 기술은 현대인, 특히 밀레니얼 세대에 필수가 되어버렸습니다.

'마인드 바캉스'를 떠날 때가 아닐까요? 실제로 실리콘밸리 경영자들 사이에서는 '다 타버린 마음'을 다시 회복하는 방법으로 '소통을 위한 단절disconnected to connect'이 유행이라고 합니다. 마음에 빈 공간을 준다는 의미에서 '마인드 바캉스'라고 한답니다. 바캉스라는 단어는 '비움'을 뜻하는 vacancy와 어원이 같잖아요? 바캉스를 떠나듯이, 뇌에 휴가를 주고 마음을 충전한다는 의미입니다.

실리콘밸리를 비롯하여 국내외 많은 기업들에서는 마음챙김 명상을 뇌의 과부하와 생각 과식을 덜어주는 가장 효과적인 방법으로 도입하고 있습니다.

그런데 왜 명상일까요? 마음챙김 명상은 어떻게 뇌의 과부하를 덜어줄까요? 그러기 위해서는 어떻게 생각을 마음챙김해야 할까요?

오늘은 여러분들과 함께 우리 내면의 '생각과 기억'으로 명상 여행을 떠나보도록 하겠습니다. 그리고 '창의성'이라는 여행 선물을 어떻게 받을 수 있을지도 알아볼까요?

마음은 지치지 않는 이야기꾼

얼마 전 전철을 기다리고 있는데 제 옆에서 낯선 사람이 큰 소리로 말을 걸어왔습니다. "네?" 하고 돌아보니까 "어떻게 네가 나한테 그럴 수 있어?"라는 겁니다. 대답하려다 보니 사실 제게 말을 건 것이 아니더군요. 그 사람은 혼자 뭐라 계속 중얼거리고 있었습니다. "내가 어떤 삶을 살았는지 알아? 그런데 전철이 이렇게 늦게 온다는 게 말이 돼? 이건 다 ○○○ 때문이야…."

저는 속으로 '안됐네. 나는 나이 들면 저러지 말아야지. 어릴 때 월남전 갔다 온 우리 친척 아저씨도 꼭 저랬는데…' 이렇게 생각을 하다 깜짝 놀랐습니다. 저 또한 혼자 중얼거리고 있었던 겁니다. 그 목소리가 제게 들려왔던 겁니다. 심지어 어린 시절의 기억까지 끄집어내면서 저의 내면이 계속 말을 하고 있었습니다. 그 사람은 밖으로 소리를 냈고 저는 머릿속으로 크게 중얼거리고 있었지만, 사실 시끄러움의 강도는 제 목소리가 더 했습니다.

하지만 중요한 차이가 있었습니다. 무엇이었을까요? 저는 제 내면의 목소리를 듣고는 깜짝 놀라 '알아차렸다'는 것입니다. 사실 우리의 내면은 늘 이처럼 수많은 생각들로 시끄럽습니다. 평소에 이를 알아차리지 못한다면, 전철의 그 사람과 우리는 다를 바가 없는 것입니다.

우리는 하루에 생각을 몇 번이나 할까요? 1만 번? 3만 번? 아마 별의 개수만큼이나 많을 것입니다. 우리 현생 인류를 호모 사피엔스, 즉 생각하는 인간이라고 하니까, 생각은 인간의 본질 중 하나임이 분명합니다.

옥스퍼드 대학의 임상심리학 교수인 마크 윌리엄스Mark Williams 박사는 인간의 인지 과정을 ABC 모형으로 부릅니다.[6] 인지 과정에서 A는 외부 자극입니다. 객관적 사실입니다. 있는 그대로의 상황입니다. B는 그 장면에서 우리가 덧붙인 해석과 우리가 지어내는 생각입니다. C는 그에 대한 반응입니다.

우리는 B를 무시하고, A와 C가 바로 연결된다는 인지적 착각을 하며 산다고 합니다. 그래서 '상황' 자체가 그런 반응을 일으켰다고 하고 상황을 탓합니다. 사실은 B의 과정, 즉 우리의 생각과 해석이 그 반응을 일으켰는데도 말이죠. 즉, 우리의 생각이 코멘트를 붙여서 그에 대해 이러저러한 생각을 덧씌운 다음, 그에 대해 반응을 일으킨 겁니다. 예컨대, 같은 상황에 대해 다른 사람은 완전히 다르게 반응할 수 있는 것이죠. 생각은 우리를 움직이는 자동 조종자입니다.

우리 인간은 경험의 총체입니다. 여러분도 저도 수많은 경험을 하였고 그에 따라 자신만의 고유한 기억을 갖고 있죠. 어떤 하나의 자극에 대하여, 기억은 수많은 생각과 다양한 반응을 불러일으킬 수 있습니다. 기억은 우리의 마음속 깊숙한 곳에 저장되어 있어 알 수가 없습니다. 이를 무의식 혹은 잠재의식이라고 하죠.

우리는, 우리 자신도 모르지만 각자의 고유한 대본을 갖고 있는 것입니다. 어쩌면 마음은 세상에서 가장 뛰어난 이야기꾼입니다. 마음이 제 맘대로 꾸며낸 이야기의 무대에 우리 스스로가 푹 빠져 있을지도 모릅니다.

생각과 알아차림은 어떻게 다를까

오늘도 여러분과 함께, 실험을 하나 해보겠습니다. 영화《인셉션Inception》에 나온 유명한 장면인데요, 제 안내를 따라주세요.

1) 지금부터 '한 마리 커다랗고 하얀 코끼리'를 생각해 보세요.
2) 자, 이제 그 코끼리를 생각하지 마세요.

절대 코끼리를 생각하지 말라니까요! 하하, 아마 생각하지 않으려고 할수록 코끼리 생각이 머릿속에서 떠나지 않을 겁니다.

이처럼 생각에(부정적으로) 반응하면 생각을 사라지게 하기가 어렵습니다. 잠자리에서 머릿속을 괴롭히는 복잡한 생각이 떠나지 않을 때, 이를 지우려고 할수록 더 복잡해 잠 못 이루어 뒤척인 경험이 있을 겁니다.

자, 이제 알아차림으로 반응을 해볼까요?

1) 하얀 코끼리 한 마리를 생각하세요.
2) 이제 호흡에 따라 움직이는 배에 주의를 줍니다. 그리고 팽창과 수축의 느낌을 몇 번 알아차려 봅니다.
3) 아마 코끼리는 이미 사라졌을 겁니다(아마 이 말과 동시에 코끼리 생각이 다시 들어왔을 거예요).
4) 배의 움직임에 주의를 준 상태 그대로 이제, 머릿속에 나타난

코끼리 이미지를 지켜봅니다. 지우려고 하지 말고, 흥미롭게 관찰하듯이, 그리고 무심히 그냥 바라보려 해보세요. '아, 코끼리가 나타났구나' 하면서요. 혹은 '생각', '생각' 하고 이름을 붙여보세요.

바로 이 작업이 '생각에 대한 알아차림'입니다. 알아차리자마자 코끼리는 스르르 사라졌거나, 혹은 그대로 있더라도 '나에게 영향을 미치지 않는 상태'가 되었을 겁니다.

생각은 '나의 것'이 아닙니다. 생각은 의지와 상관 없이 일어납니다. 자극이 오면 그에 따라 자동적으로 생겨납니다. 생각은 '멈춰!'라는 내 말도 안 듣고, 오히려 꼬리에 꼬리를 물고 불어납니다. 마음을 괴롭히고 때로는 원치 않는 행동을 하게 만듭니다.

마음챙김 명상에서는 생각을 그저 자극에 따라 일어나는 '정신적인 현상'으로 간주합니다. 생각은 저절로 '일어나고 사라지는 것'입니다. 생각에 또 생각을 거듭하면 연쇄 반응이 일어나게 되는데, 알아차림은 생각의 연쇄 반응으로부터 벗어나는 탈출구입니다.

생각이 끊임없이 과거와 미래로 가고자 한다면, 알아차림은 현재 이 순간으로 돌아오게 합니다. 생각은 인지 작용이라면, 알아차림은 메타 인지 작용입니다. 즉, 생각하는 것 자체를 알아차릴 수 있는 것입니다. 코끼리 이미지를 지켜본 것처럼, 생각 자체를 지켜볼 수 있는 것이 알아차림입니다. 그저 '생각이 생겨났구나' 하는 걸 알아차리는 것만으로 생각은 사라질 수 있습니다.

이야기의 함정을 알아차리기

다른 실험을 한번 해볼까요? 먼저 아래 그림을 3초 정도 봐주세요. 그림을 보고 어떤 생각이 들었을 겁니다. 그리고 그에 따라 반응이나 판단을 내리셨을 겁니다. 기억이 떠올랐을지도 모릅니다. 앞에서 살펴본 ABC 인지 모형으로 되돌아볼까요?

A) 사실, 그림은 그림일 뿐입니다.

B) 이 그림에 담긴 맥락이나 스토리는 여러분의 마음 안에서 만들어진 것입니다.

C) 그에 대해 가치 판단을 내리거나 감정적인 반응이 자동적으로 뒤따랐고요.

우리가 각자 가진 고유한 B 과정, 즉 생각의 연쇄 패턴에 따라 C는 달라졌을 겁니다.

아이가 어른의 꾸중이나 학대를 받는다고 생각하셨나요? 그래서 어른에게 화가 났을지도 모릅니다. 어린 시절의 기억이 떠올랐다면 더욱 그러할 것입니다. 혹은 반대로 말 안 듣고 떼쓰는 아이에게 짜증이 났을지도 모릅니다. 반대로, 어른이 아이를 다치게 한 누군가를 찾고 있다고 생각했을지도 모릅니다.

우리는 경험 속에서 특정한 생각의 틀을 만듭니다. 그리고 그 틀이 끊임없이 코멘트를 붙이고 수다를 늘어놓습니다. 일종의 '편집자'가 되는 것이죠.

'마음챙김의 어머니' 엘렌 랭어 교수는 이를 '범주'라고 하였고, 이 범주가 우리를 마음놓침 상태로 만든다고 하였습니다. 다른 대상에 대한 혐오와 폭력까지도 초래할 수가 있습니다. 어떤 목수가 연장으로 망치만 갖고 있다면, 모든 대상을 튀어나온 못으로 보게 되는 것과 같습니다.

생각의 틀에 갇히면 창의성도 저하된다고 합니다. 사실 이 그림 자체에는 수많은 전개의 가능성이 있습니다. 생각의 과부하 역시 창의성을 저하합니다. 어쩌면 이 자리에서도 밀린 이메일이나 업무 생각으로 마음속이 가득 차 있을지도 모릅니다. 창의성이 떠오를 자리가 없어지는 것이죠.

이제 알아차림을 유지하면서, 같은 실험을 해보겠습니다.

1) 잠시 의자가 닿아 있는 엉덩이 부분을 인식해 봅니다. 그리고 들숨을 크게 쉬고, 날숨은 길게 내쉽니다. 호흡에 따라 움직이는 배에 주의를 가져가 봅니다.
2) 그 상태에서 아까의 그림을 다시 보겠습니다.
3) 이제 그림을 보고 떠오르는 생각에 주의를 둡니다. 생각은 어디 있는지 한번 위치를 찾아봅니다. 지금 어떤 생각들이 생겨나는지 지켜보려 해보세요. 그리고 부드럽게 이름을 붙여봅니다. '생각'. 그리고 그 생각이 아직도 있는지 찾아봅니다.
4) 어떤 판단이 들면, 그것도 알아차려 봅니다. 누군가 나쁘다는 판단이 들었으면, '아, 나쁘다고 판단하는구나' 하고 알아차려 봅니다.
5) 어떤 기억이 떠오르면, 그 기억을 알아차려 봅니다. 그리고 부드럽게 이름을 붙여봅니다. '기억.' 혹은 몸에 어떤 반응이 온다면, 주의를 주어 관찰합니다. 만일 슬픈 반응이라면 '슬

픈 기억', 이렇게 이름을 붙여도 좋습니다.

6) 호흡에 주의를 다시 둡니다. 그러면서도 여러분은 여전히 관찰을 할 수 있습니다. 생각을 지켜보려고 해보세요. 아무 생각이 들지 않는다면, 다시 호흡으로 주의를 모읍니다.
7) 이제 그림을 다시 봅니다. 이제 '그림을 보고 있구나' 하고 보고 있는 지금의 자신을 알아차려 봅니다.

어떠셨나요? 이전에 한 실험과는 어떤 차이가 있었나요? 어떤 발견을 하셨나요?

생각을 지켜보니까 생각이 사라졌다고요? 네, 맞습니다. '내가 생각하고 있구나'라고 알아차리는 순간, 그 생각은 사라집니다. 생각의 연쇄 반응을 중간에 끊을 수 있었던 것입니다.

생각을 멈추려고 하면, 생각은 더 납니다. 생각을 멈추려는 생각을 하고, 그래도 안 멈추니, 또 다른 생각을 가져옵니다. 감정을 억누르면 그것이 더 큰 화가 되는 것과도 같습니다. 그저 생각을 지켜보는 것, 혹은 호흡으로 주의를 집중하는 것이 가장 좋은 방법입니다.

안 좋은 기억을 지켜볼 수 있었다는 분도 있네요. 훌륭합니다. 우리의 마음의 무대에서는 때로 비극적 배우가 출연합니다. 그 배우는 나 자신과 무척 닮아 있을 것입니다. 하지만 배우는 배우일 뿐입니다.

기억에 따라 몸에 느껴지는 느낌도 관찰하셨는지 모르겠습니다. 기억-생각-감정은 몸과 긴밀히 연결되어 있습니다. 거듭 강조하지만, 몸에 주의를 두는 게 중요한 이유입니다.

어릴 적에 겪은 실패의 경험은 무의식 속에서 우리를 제약하곤 합니다. 중요한 과업 앞에서 우리를 머뭇거리게 합니다. 그럴 때마다 자신에 대한 비난, 어릴 적 가해자들에게 그랬던 것처럼 타인에 대한 책임 전가로 반응한다면 어떨까요? 그 반응의 경험이 또 더해져서 이 기억에 저장이 됩니다.

반대로 억지로 긍정적인 사고를 하는 것은 일종의 회피가 아닐까요? 아픔은 아픔 그대로 경험이 되어야 하는데 이를 바라보지 않으려는 것이죠. 회피의 경험과 함께 그 기억은 보다 깊은 곳으로 숨어버리지 않을까요? 언젠가 중요한 과업 앞에서 다시 나올 날을 기다리면서 말이죠.

그러므로 가장 좋은 방법은 우리 뇌의 알아차림 기능을 사용하는 것입니다. 명상 중에는 이런 기억과 생각이 떠오를 때가 많습니다. 그럴 때 '생각, 생각'이라고 하며 최대한 '있는 그대로' 지켜보는 것입니다. 특히 부정적인 기억일수록 일단 표면으로 떠오를 때 알아차리게 되면 그 영향이 매우 취약해진다고 합니다.[7] 뇌과학자 대니얼 시겔Daniel Siegel 박사는 이를 재감각resensing이라고도 합니다. 과거의 경험에 대해 예전에는 특정하게 분노나 회피 등으로 반응했다면, 새로운 경험인 '지켜보기'와 '비반응성'이 등

록됨으로써, 이것이 점차 뇌의 정상적인 반응이 된다는 이론입니다.[8] 예전에는 기억 구슬에 우울한 파란색이 짙게 칠해져 있었다면, 마음챙김 명상을 통해 '있는 그대로 지켜봄'으로써 점차 투명한 구슬이 된다고 할 수 있습니다.

생각은 뇌가 만들어낸 시뮬레이션

사실 생각은 뇌가 만들어낸 시뮬레이션일 뿐입니다.[9] 진화심리학에서는 인간이 외부 위협에서 생존하기 위해 진화한 것이라고 합니다. 맞습니다. 시뮬레이션을 해야 인간은 미래에 대비할 수 있습니다. 예를 들어, 뱀은 무서운 것이라는 스토리를 우리 모두는 갖고 있습니다. 그래야 뱀에 물리지 않게 대비할 수 있는 것이죠.

우리와 같은 뇌를 갖고 있는 10만 년 전의 인류도 그랬을 겁니다. 한 원시인이 길을 가다 뱀을 보고는 깜짝 놀랐습니다. 뇌 안의 편도체(감정 뇌) 부분에서 즉각적으로 '싸울 것인가! 도망갈 것인가!'라고 묻습니다. 뇌의 기억 저장고에 전기 신호를 보내 기억 목록과 비교를 의뢰합니다. '가족이 독사에게 물려 죽은 사실'이 있습니다.

뇌 전두엽의 스토리텔러는 말합니다. "뱀은 악한 존재야. 친구가 죽은 건 모두 뱀 때문이야." 그러자 감정 뇌인 편도체는 스트레스 호르몬을 분비하고, 몸에 감정적 반응을 불러일으킵니다.

투쟁 반응! 뇌 안에서 매우 짧은 시간에 일어난 시뮬레이션 과정입니다. 원시인은 즉각 돌도끼를 들어 뱀을 내리칩니다. 한참을 내리치고는 지쳐서 주저앉았는데, 이런, 내리친 것은 뱀이 아니라 새끼줄이었습니다.

원시인의 뇌에 만들어진 시뮬레이션 프로그램이 새끼줄을 뱀으로 보게 만든 것과 똑같은 과정이 우리의 일터에서, 상사와 동료와의 관계에서, 가족 관계에서, 그리고 자신과 사회에 대한 인식에서 똑같이 진행되고 있습니다. 특정 사람이나 집단에 대한 혐오와 편견까지 만들어냅니다.

사실 이 시뮬레이션은 전기 신호이므로 곧바로 사라집니다. 그런데 인간은 이 시뮬레이션 자체를 붙잡아서 다시 다른 시뮬레이션으로 재생합니다. 그리고 이를 계속 반복해서 상상의 기억을 만들어내기도 합니다. 이것이 기억 뇌와 감정 뇌에 각인되어 특정한 믿음이 되어버리는 것이죠.

그런데 인터넷이 발달한 현대 사회는 외부 자극이 뇌가 감당할 수 있는 용량을 초과해 버렸습니다. 우리의 뇌가 시뮬레이션을 끊임없이 가동하게 되는 것입니다. 이렇게 하여 편도체가 과도하게 민감해지고, 원인을 모르는 불안이 자동적으로 생겨나기도 해서 소위 '번아웃'이 되는 것이랍니다.

그렇다면, 생각과 기억은 어떻게 마음챙김할 수 있는 걸까요? 사실 뇌의 인지 과정에 답이 있었습니다. '시뮬레이션은 단지 전기 신호일 뿐이다.' 즉, 우리가 붙잡지만 않는다면 잠시 공연되고 막을 내리는 짧은 연극이라고 할 수 있습니다.

마음은 무대, 생각은 배우들의 대사

사실 우리 인류의 정확한 명칭은 '호모 사피엔스 사피엔스*Homo sapiens sapiens*'입니다. 사피엔스가 두 번 들어갑니다. 사피엔스를 다시 사피엔스, 즉 생각에 대해 한 번 더 생각할 수 있다는 의미가 아닐까요? 인간의 뇌는 생각 자체를 인지할 수 있는 기능을 갖고 있습니다.

그 인지 기능이 바로 주의와 알아차림입니다. 이 기능은 인간의 뇌 중 가장 진화한 부분에 해당한다고 합니다. 우리는 의도에도 주의를 기울일 수도 있고, 생각에 관해서도 알아차릴 수 있습니다. 심지어 알아차림 자체에 대해서도 알아차릴 수 있습니다. 마음챙김은 자기 관찰이라고 했던 것, 기억하시나요? '지금 현재, 내 안에서 벌어지는 모든 일을, 있는 그대로 관찰하는 것', 이것이 바로 마음챙김입니다. 내면에서 일어나는 생각도 예외가 아닙니다.

마음챙김은 자기 마음의 활동으로부터 자신을 분리하는 과정입니다. 마치 무대 위에서 펼쳐지는 배우들의 대사를 감상하듯, 우리의 생각을 감상할 수 있는 것입니다.

배우는 누굴 위해 존재할까요? 바로 관객이죠. 관객이 소위

'갑'입니다. 즉, 관객의 자리에 있다면, 생각에 대한 리더가 될 수 있는 것입니다. '그래, 생각들아, 한번 마음의 무대에서 공연을 해 보아라. 내가 지켜봐 줄게.' 이런 태도를 가지는 것입니다.

하지만 생각을 지켜보는 것은, 결코 쉬운 일이 아닙니다. 마치 아침 드라마, 소위 막장 드라마를 보면 우리가 때로 며느리가 되거나 남편과 동일시가 되어 주인공과 같이 막 흥분하곤 하죠? 우리는 수시로 우리 생각이 펼쳐내는 드라마의 배우가 되어버립니다.

관객의 입장에서 관찰하기 위해서는 무엇이 필요할까요? 바로, '관객석'이 필요합니다. 무대 위에 올라왔음을 아는 순간 다시 돌아갈 자리가 필요하죠. 일종의 '닻'이 필요한 겁니다. 지금까지 차근차근 마음챙김 과정을 함께한 여러분들은 이미 기억하실 겁니다. 바로 우리의 몸, 특히 호흡이 가장 좋은 '닻'입니다.

생각을 멈출 때 창의적 아이디어가

마음챙김이 가진 가장 큰 특성은 개방성과 수용입니다. 우리는 우리 안에서 벌어지는 어떠한 현상들도 모두 수용할 수가 있습니다. 이것이야말로 마음챙김 명상의 핵심입니다.

어떠한 것이든, 일어날 것은 일어나게 되어 있습니다. 그리고 곧 사라집니다. 호흡은 일어났다가 사라지며, 몸의 느낌도 생겼다가 사라집니다. 생각 역시 알아차리면 사라지게 됩니다. 마음챙김 연습은 이처럼 우리의 마음의 문을 개방하여 많은 것을 수용할 수 있는 태도를 만들어줍니다.

뇌에 과부하가 걸렸다면, 생각을 멈추거나 억누르려 하지 마세요. 호흡에 주의를 둔 채 떠오르는 생각들을 부드럽게 지켜보세요. 그리고 생각을 알아차려 보세요. '아 생각이 떠올랐구나….' 이렇게요. 생각이 많아져서 그 생각에 휩쓸리더라도 괜찮습니다. 다시 호흡으로 주의를 가져오면 됩니다. 마치 안전한 항구에 정박하여 폭풍우 치는 바다를 바라보듯, 호흡에 주의를 두고 생각을 바라보세요. 그러면 생각들이 하나하나 사라지고 마음의 바다는 잔잔해질 것입니다.

창의성은 그럴 때 피어난다고 합니다. 문제에 대해 골똘히 생각을 하고 또 생각을 거듭하는 과정은, 마치 피트니스에서 열심히 근육에 부하를 주는 운동을 하는 것과 같습니다. 그러나 근육이 자라나는 시간은, 운동을 멈추고 휴식을 취할 때입니다. 창의성은 생각을 멈추고 마음이 이완된 상태가 될 때 불현듯 나타납니다. 마치 부력에 대해 끊임없이 고민하던 아르키메데스가 목욕을 하다가 "유레카!"를 외친 것처럼 말이죠. 스티브 잡스는 명상의 고요함 속에서 창의적인 아이디어를 떠올리곤 했다죠.

개방성이 창의성의 전제입니다. 엘렌 랭어 교수는 생각은 늘 패턴을 따른다고 말합니다. 기존에 갖고 있던 사고의 범주, 기존에 익숙한 해결책, 성공한 적이 있는 해결책 쪽으로 생각은 흘러가게 마련입니다. 생각의 흐름은 일종의 자동 반응입니다.

200명이 넘는 '성공한 거인'들을 연구한 미국의 작가 팀 페리스Tim Ferriss는 성공한 사람들은 공통적으로 '멈추어 명상하는 시간'을 가지고 있다는 것을 발견했는데, 이는 자신의 생각을 객관적으로 관찰함으로써 선입견이나 오류에 빠지는 것을 바로 잡기 위함이었습니다. 그리하여 창의적 아이디어가 떠오를 공간을 마련하는 것입니다. 그는 말합니다. "복잡한 생각, 고민, 전략과 전술, 모두 지워라. 텅 빈 공간에 홀로 서라. 그러면 당신 내면의 거인이 당신을 자신의 어깨 위로 올려놓을 것이다."[10] 지금까지 우리가 배운 마음챙김 명상을 꾸준히 연습하셨다면, 아마 몇 차례 같은 경험을 하셨을 것입니다. 명상 중에 고민하던 문제에 대한 아이디어가 불현듯 떠올랐을 것입니다. 수많은 사람들이 이런 사례를 보고합니다.

왜 그럴까요? 뇌의 부하가 감소함에 따라, 좌뇌의 생각하고 분석하는 일부 기능만 작동시키던 뇌에게 스스로 뇌 전체를 병렬로 연결할 수 있는 시간이 주어졌기 때문입니다. 아인슈타인을 비롯해 위대한 발견을 한 사람들은 한결같이 말합니다. "창의성은 직관의 산물이다!"라고요.

창의성은 생각 속에서 생겨나는 게 아니라, 오히려 생각을 멈출 때 그 빈 공간에서 스스로 떠오릅니다. 우리가 마음챙김으로 관찰을 하고 있다면, 떠오르는 그 아이디어를 놓치지 않을 것입니다. 걷기 명상으로 산책을 할 때, 마음챙김 커피 타임을 가질 때, 그리고 시간을 내어 호흡 명상을 할 때, 여러분 안에 숨겨진 창의적인 아이디어를 만날 수 있을 것입니다.

명상으로 새롭게 발견한 기억

끝으로 제 개인적인 마음챙김 명상 경험을 같이 나눌까 합니다. 제 안에서 벌어지는 기억과 생각들을 수용하고 받아들였던 사례입니다.

일의 의미를 지나치게 추구하고, 일 중독에 가까운 삶을 보낼 때가 있었습니다. 공황장애와 신경과민 등 여러 문제들이 있었지만 일상적인 마음챙김 명상으로 이를 치유하였습니다. 어느 날이었습니다. 생각이 과부하된 상태였기에, 집중적인 호흡 명상을 하였습니다. 호흡에 닻을 내리고 있으니 생각의 흐름을 지켜볼 수 있게 되었습니다. 일에 대한 생각이었습니다. 생각을 바라보던 중 '꼭 필요한 사람이 되어야 한다'는 아버지의 목소리를 만나게 되었습니다. 내가 아버지의 기대에 못 미치는 사람일지도 모른다는 두려움이 그 안에 있음을 보았습니다. 몸이 떨리고 긴장이 느껴지기 시작했습니다. 그래도 호흡에 주의를 두고 계속 알아차리면서 관찰을 계속하였습니다.

기억은 새로운 영상을 보여주었습니다. 아버지가 돌아가시던 때의 기억이 떠올랐습니다. 눈에 눈물이 고이고, 흐느끼기 시작했습니다. 그럼에도 호흡에 주의를 계속 두고, 무대를 보듯이 관찰을 계속하였습니다. '내가 바라는 것은 너의 행복일 뿐이다'라는 아버지의 말이 들려왔습니다. 가슴이 편안해지면서도 눈물이 계속 흘렀습니다. 천천히 호흡을 가다듬었습니다. 나중에는 모두 사라지고 호흡만 남았습니다.

이후 저는 일에 대한 과도한 부담을 떨쳐버릴 수 있게 되었습니다. 그리고 일에서 행복감을 더 느낄 수 있게 되었고요.

저는 감히, 명상이 행복을 바로 가져다 준다고 말할 수는 없습니다. 다만 명상은 우리의 일과 삶의 행복을 위한 훌륭한 도구임에는 틀림이 없습니다. 이제 여러분의 삶의 가방에도 늘 마음챙김 명상이라는 도구를 넣고 다녀보세요.

오늘의 명상 실습

생각 마음챙김

(효과) 생각의 과부하 방지, 부정적 기억의 치유, 창의성 증대

명상 실습 내레이션

오늘은 생각 마음챙김을 해보도록 하겠습니다. 생각은 정신적인 현상입니다. 주의와 알아차림 역시 정신적 현상입니다. 그러므로 주의가 생각을 따라가지 않는 것이 중요합니다. 그러려면 호흡에 주의를 두어야 합니다. 호흡이 지나다니는 자리에 앉아, 생각이 펼쳐지는 무대를 바라보는 듯한 마음의 자세를 준비해 주십시오.

1. 자세를 바로 하고 앉습니다. 척추를 바로 세우고, 척추를 제외한 몸 전체를 이완합니다. 가슴을 폅니다.

2. 서서히 눈을 감고, 몸 전체를 느껴봅니다. 긴장이 있는 부분이 있다면, 그곳에 주의를 주세요. 그 부분으로 숨을 쉰다고 상상하며 천천히 이완합니다. 얼굴에 살짝 미소를 짓습니다. '이제 내 안에서 벌어지는 모든

것을 있는 그대로, 미소를 지으며 받아들이겠다' 하는 느낌으로 얼굴에 부드러운 미소를 짓습니다.

3. 호흡에 주의를 둡니다. 들숨을 조금 더 깊게 들이쉬고, 날숨은 길게 내쉽니다. 호흡이 지나가는 몸의 부분을 느껴봅니다. 들숨이 있으면, 들숨이 있음을 알아차립니다. 숨이 나가면, 나간다는 것을 알아차립니다. 들숨… 날숨…. 부드럽게 이름을 붙여도 좋습니다. 서서히 호흡에 따라 움직이는 배에 주의를 집중합니다. 마음의 눈으로 호흡이 드나드는 것을 가만히 지켜봅니다.

4. 이제 생각과 기억을 관찰할 것입니다. 의도적으로 오늘 있었던 일을 하나 떠올려봅니다.

5. 생각이나 기억이 떠오르면 생각으로 주의를 옮겨봅니다. 생각이 어디에 있는지, 생각이 있는 장소를 한번 찾아보려 해봅니다.

6. '아, 생각이 생겨났구나….' 알아차리면, 부드럽게 이름을 붙여봅니다. '생각….' 그러면 생각은 사라질 것입니다. 부드럽게 다시 호흡으로 주의를 돌립니다.

7. 생각이 다시 떠오르면 그냥 알아차리고 관찰을 합니다. 생각을 따라갈

필요는 없습니다. 배우의 대사를 듣듯이, 다른 사람의 목소리를 듣듯이, 그대로 들어봅니다.

8. 생각에 빠졌음을 알아차리면, 다시 호흡으로 주의를 돌립니다. 생각에 빠졌다고 걱정할 필요가 없습니다. 호흡은 무대 바깥의 의자입니다. 그곳에 다시 돌아오면 됩니다. 호흡의 감각에 주의를 두면서 들숨과 날숨을 알아차립니다. 생각을 따라간 주의력을 다시 호흡으로 돌리면 우리 뇌가 튼튼해진다는 사실을 기억해도 좋습니다.

9. 다시 생각이 들어오면 생각을 알아차립니다. '생각을 알아차리는 게 어렵네.' 이런 생각이 들 수도 있습니다. 그 생각도 그대로 '생각, 생각' 하고 이름을 주면서 알아차리십시오. 그저, 생각이 무대에 나타났다가 잠시 사라지는 대사들처럼 무심하게 바라봅니다. 생각과 기억은 잠시 무대에 올랐다가 사라지는 정신적인 사건일 뿐입니다.

10. 특정한 기억은 사라지지 않을 때도 있습니다. 그때도 계속 주의를 주어 관찰을 합니다. 당신의 잠재 기억에 있는 배우가 등장한 거예요. '아, 배우가 출연했구나. 어떤 대사를 하는지 들어보자'라는 태도를 취합니다. 그 대사에 부드럽게 이름을 붙입니다. '생각, 기억….'

11. 이제 의도적으로, 최근 걱정하거나 고민하는 한 문제를 떠올립니다. 상

사와의 갈등, 업무 실수, 가족 문제…. 그리고 마음속에 떠오르는 것들을 관찰합니다.

12. 몸에 어떤 반응이 올 수도 있습니다. 그 반응도 배우의 것으로 알고 관찰합니다. 몸에서 공포나 두려움이 느껴지더라도 있는 그대로 지켜봅니다. 그리고 그 느낌에 이름을 붙여줍니다.

13. 생각을 알아차리지 못했어도 괜찮습니다. 방금 전 나타난 배우를 놓쳤을 뿐입니다. '아, 생각이 일어났었구나.' 이렇게 알아차린 후 다시 호흡으로 주의를 돌립니다. 들숨과 날숨이 닿는 부위에 주의를 올려놓고, 그 부분의 감각을 그냥 지켜보듯이 알아차립니다.

14. 이제 1분 동안 호흡에만 집중해 봅니다. 들숨… 날숨… 하나. 들숨… 날숨… 둘. 이렇게 여덟까지 숫자를 세어봅니다. 주의가 다른 곳으로 가면 알아차리고 호흡으로 다시 주의를 돌립니다.

15. 그리고 서서히 당신이 앉아 있는 공간을 인식하며, 눈을 뜹니다.

단 10초라도 마음속 무대를 바라보는 관객이 되었다면, 여러분은 성공한 것입니다. 중요한 것은 꾸준한 반복입니다. 어쩌면 지금까지 한 명상 실습들이 모두 비슷하게 느껴질지도 모르겠습니다. 정확히 보셨습니다. 실제로 그러합니다. 마음챙김 명상은 몸과 마음에서 벌어지는 모든 현상들에 대한 '주의와 알아차림'이니까요. 그 어떤 것에도 주의를 주고 알아차리면 명상이 될 수 있습니다. 우리는 지금 마음에 씨앗을 뿌리고 있는 것입니다. 지속적인 반복을 통해 물과 양분을 주어야 합니다. 그래야 행복이라는 열매가 맺힙니다. 그 와중에 창의적 아이디어라는 부수적인 열매도 맛볼 수 있을 것입니다.

보통의 명상 *TIP*

1 창의적 아이디어를 위한 '생각 마음챙김' 응용

오늘 배운 생각 마음챙김을 문제 해결법이나 창의적 아이디어를 떠올리기 위한 방법으로 사용해 보세요.

1. 해결하려고 하는 문제를 정의해 보세요. 예를 들어 '어떻게 하면 신상품의 컨셉을 잡을 수 있을까?' 혹은 '어떻게 하면 거래처를 설득할 수 있을까?' 등입니다. 이를 노트나 메모지에 적습니다.
2. 메모지를 옆에 놓습니다. 시간을 정합니다. 알람을 정해놓습니다.
3. 의자에 앉아 자세를 잡거나, 집이라면 바닥에 양반다리 자세를 하고, 생각 마음챙김을 시작합니다. 척추를 바로 세우고, 오늘 배운 자세와 호흡 그대로 따라합니다.
4. 호흡에 최대한 집중합니다. 그리고 생각이 들면, 그대로 관찰을 해봅니다. 생각 중에 아이디어를 만나게 되면, 잠시 눈을 뜨고 호흡을 가다듬은 후 메모지에 기록을 합니다.
5. 다시 자세를 잡은 후, 이 과정을 반복합니다.
6. 시간이 되면, 생각 마음챙김을 끝낸 후, 메모지에 적은 내용을 다시 정리합니다.
7. 메모지를 갖고 걷기 명상을 가는 것도 좋습니다. 분명 여러분의 아이디

어 도출에 도움이 될 것입니다. 더불어 생각의 과부하도 덜고 마음의 평화를 얻을 거예요.

2 잠들기 전 '바디 스캔 + 생각 마음챙김' 하기

불면증의 원인은 '생각 과다'입니다. 우리가 배운 바디 스캔을 잠들기 전에 하면, 생각을 크게 덜어낼 수 있습니다.

1. 바디 스캔과 생각 마음챙김을 같이 해보세요.
2. 걱정, 근심이 지나친 경우 뇌의 각성 상태가 심해져 바디 스캔이 어려울 때도 있습니다.
3. 이때에는 누운 상태로 호흡에 중심을 두고, 연극 무대를 바라보듯이 생각의 진행을 바라보세요.
4. '아, 이런 고민이 있구나. 여기에 이런 걱정이 따라오네.' 이렇게 알아차려 보세요.
5. 나중에는 그 무대를 거의 바라보게 될 수 있습니다. 이때에는 아마 반수면 상태가 되어 꿈으로 전환되기 직전일 겁니다.
6. '잠들기 전 바디 스캔'(67쪽)의 요령대로 가슴 한가운데에 '빛나는 구'를 상상해 보세요. 숙면에 들게 될 것입니다.[11]

마음은 한 권의 책

태국의 오래된 가르침에 따르면 우리 인간의 마음은 한 권의 책이라고 합니다. 그 책에는 오래된 기억들과 수많은 생각들, 그리고 기쁨과 슬픔과 아픔이 쓰여 있습니다. 그 책을 읽는 독자는 누구일까요? 바로 그 마음의 주인, 당신입니다. 책을 볼 때 우리는 어떻게 하나요? 호기심을 갖고 읽어나가기 시작합니다. 그러다 책의 내용과 같이 웃고, 때로는 눈물을 흘립니다. 그럼에도 우리는 알고 있죠. 그것은 책일 뿐이고, 나 자신은 그것을 읽고 있다는 사실을 잊지 않습니다. 마음챙김 명상도 이와 같지 않을까요? 우리의 마음의 책은 계속 쓰이고 있습니다. 독자가 되어 즐겁게 그 책을 읽어보세요. 세상의 그 어떤 책보다 많은 지혜가 담겨 있을 것입니다. 태국에서 가장 존경받는 마음챙김 스승인 아짠차 스님은 이렇게 말합니다.
"인생에서 읽어야 할 단 한 권의 책이 있다면 그것은 마음이다."

8

나는 누구인가

역할과 정체성의 혼란을 해결하기

역할 스트레스와 자존감 저하

직장인들의 스트레스 중 상당 부분을 차지하는 것이 역할 스트레스입니다. 역할 간 갈등이나 역할의 모호성을 역할 스트레스라고 하는데요, 역할 스트레스는 직무 만족과 생산성에 부정적 영향을 끼친다는 많은 연구 결과가 있습니다.[1]

특히 여성 직장인의 경우 역할 스트레스가 더 심하다고 합니다. 모 구인구직 사이트가 직장인 688명을 대상으로 설문조사를 실시한 결과 85.5%가 가정과 직장 사이에서 갈등을 겪었다고 응답했는데, 성별로는 남성(34.9%)보다 여성(65.1%)이 월등히 비율이 높았습니다. 양육과 비즈니스 사이에서 두 가지 역할을 동시에 해야 한다는 부담이 크다는 응답이 많았습니다.[2] 신입사원 역시 마찬가지여서, 2014년 통계청의 신입사원 대상 설문 결과 이직 요인 중 역할 갈등이 32.6%였다고 합니다.[3]

역할 스트레스는 개인의 정체성의 문제이기도 합니다. 《나는 왜 이 일을 하는가?》(서기원 지음), 《나는 정말 행복한가?》(강태수 지음), 《사표의 이유》(이영롱 지음), 《오늘도 출근합니다: 절망의 오피스레이디》(킵고잉 지음) 등 직장인들의 심리를 다룬 책들에서는 한결같이 직장인의 정체성 혼란을 이야기합니다. 구글에 '직장인, 나는 누구인가'를 검색하면 수많은 심리 상담 사례가 쏟아져 나오는데, 대부분은 가족과 직장인으로서의 역할과 정체성의 혼란, 직장 상사와의 갈등입니다. 이처럼 대인관계와 세대 갈등의 원인으로도 정체성이 꼽히기도 합니다.

역할과 정체성은 자존감과도 관계가 높다 합니다. 심리학에서는 '남이 보는 나'를 지나치게 의식하기 때문이라는데요, 실제로 한 취업 포털의 2016년 조사에 의하면 중소기업에 다니는 직장인들이 '취직 후에 자존감이 떨어졌다'고 대답한 비율이 47.6%나 되었다고 합니다.[4]

이런 가운데 마음챙김 명상이 직장인들의 역할 갈등을 조절하고 성취감을 높인다는 국내의 연구 결과는 주목할 만합니다. 건설 현장에 근무하는 185명을 대상으로 조사한 결과, 역할 스트레스 감소와 개인 성취도에 마음챙김이 긍정적 효과가 있음이 확인되었습니다.[5]

과연, 마음챙김 명상이 정체성과 역할 갈등 해결에 도움을 줄 수 있을까요?

'나'는 하나가 아니다

"내 속엔 내가 너무도 많아… 당신의 쉴 곳 없네…."

오늘은 음악 감상으로 시작해 보았습니다. 시인과 촌장의

〈가시나무〉라는 유명한 노래인데요, '내 속엔 내가 너무도 많아' 라는 가사가 오늘 우리가 탐구할 주제와 직결됩니다.

내면에 대한 마음챙김을 같이 해온 우리는, 오늘 조금 더 진지한 철학적 질문을 던져보고자 합니다.

"나는 누구일까요?"

나라는 존재는, 대체 어떻게 정의를 해야 하는 걸까요? 나의 지위나 역할일까요? 아니면 내가 추구하는 가치일까요? 나의 명성이나 성취일까요? 내가 속한 집단일까요? 누구와의 관계일까요?

제 이야기부터 해보겠습니다. 저는 '착한 아들'이기도 하고, '자상한(?) 남편'이기도 합니다. '경영자'이기도 하고 '작가'이기도 하며, '강사'이기도 합니다. 또한 누군가는 저를 '상처받기를 두려워하여 주저하는 사람'으로 기억하고, 또 누군가는 '성공을 위해 도전하는 사람'으로 봅니다. 저는 목표를 위해 더 나아가고자 하는데, 마치 내 안의 어떤 목소리가 그러지 말라고 자꾸 말하는 걸 들을 때도 있습니다. 휴양지에서 휴가를 마음껏 즐기고 있을 때, 마음 한편에서는 어서 노트북을 펴고 일하라는 목소리가 들리며 죄책감을 느끼기도 합니다. '꼭 필요한 사람이 되어야 한다'는 가훈을 지키려는 아들의 목소리, '가족을 책임져야 한다'는 가장의 목소리, '사회의 관습으로부터 자유를 추구하라'는 수행자의 목소리가 충돌하기도 합니다.

이처럼 제 안에는 여러 정체성들이 있고, '내 속엔 내가 너무도 많아' 때로는 서로 충돌을 벌일 때도 있습니다.

분석심리학의 정립자이자 MBTI의 근간을 만든 심리학자 카를 융Karl Jung은 이러한 정체성들을 페르소나persona라고 하였습니다. 페르소나는 고대 그리스에서 배우들이 쓰고 연기하던 탈이 어원입니다. 이 탈은 그들의 역할을 상징하였습니다. 즉, 페르소나는 바로 한 개인의 내면에서 역할을 하는 여러 배우들을 의미합니다.

적절한 배우를 등장시키기

우리 내면에 있는 이 배우들이 적절한 상황에서 제 역할을 해야 하는데, 갑자기 다른 배우가 등장하게 되면 어떻게 될까요?

예를 들어, '착한 아들'이라는 배역은 가족에서 역할을 해야 하는데, 직장에서 등장해 주도권을 잡는다면요? 직장 상사는 부모님이 아님에도 우리는 상사를 넘어 부모의 역할까지 기대하게 됩니다. 결국 적절한 관계를 맺지 못하게 됩니다. "왜 이렇게 바라기만 하는 거야? 스스로 네 역할을 하라고!" 혹은 상사와 부하 직원이 아니라, 부모-자식 간의 애착 관계가 직장에서 만들어질 수도 있겠죠.

이처럼 역할과 대인관계에 있어서의 문제는 사실 외부적인 문제만은 아닙니다. 우리 내면과 깊이 연관이 있습니다. 그렇다면 어떻게 해야 할까요? 상사에게 그러지 말라고 할 수는 없지 않습니까? 결국 내 마음의 주인은 나입니다. 내 안에 있는 배우들이 적절한 역할을 하게 할 수밖에 없습니다.

관계는 상호적인 것입니다. 이를 현상학에서는 '상호주관성'이라고 합니다. 내 안에 있는 '부하 직원'이라는 배우가 아니라 '착한 아들'이라는 배우가 말을 걸었기에, 상대방의 내면에 있는 '부모'라는 정체성이 그에 응답한 것입니다. 만일 내 안에 있는 '부하 직원'의 배우가 대화를 건넸다면, 상사 역시 내면의 '리더'라는 배우로 답을 하게 됩니다. 이는 사실 굉장히 무의식적인 과정입니다. 그러므로 나의 내면에 있는 여러 배우들을 알아차리고 상황에 맞게 적절히 사용하는 것이 중요합니다. 이처럼 삶에 대한 책임은 나에게 있는 것입니다. 외부에 자동 조종되는 것이 아니라, 내가 선택하는 것입니다. 내면이 바뀌면, 외부는 기존과는 완전히 다른 방식으로 나에게 작동하게 됩니다.

이러한 태도야말로 진정한 자존감이 아닐까요? 외부의 탓, 다른 이의 문제로 늘 책임을 돌리는 사람을 보면 어떤 기분이 드나요? 늘 비평과 비판을 입에 달고 사는 사람과 오랜 시간 같이 있을 수 있나요? 자존감이란, 내가 스스로 나에게 책임을 지는 자세입니다.

우리는 내면의 배우들이 펼치는 공연의 감독이 되어야 합니다.

배우들은 원래 직접 만나기가 어렵습니다. 유명 배우들일수록 더 숨어 있어 만나기 어렵지 않나요? 그렇기 때문에 무대에 펼쳐지는 그들의 연기, 즉 대사와 감정에 더 주의를 두고 관찰하게 되는 것이죠. 우리의 정체성도 그러합니다.

우리가 연습해 온, 생각에 대한 마음챙김과 감정에 대한 마음챙김을 지속하는 과정이 우리 안에 뿌리 깊게 내재해 있는 여러 배우들을 이해하고 만나게 해줄 수 있습니다. 상대방의 목소리에 귀 기울이면 그 사람이 누구인지를 이해할 수 있듯이, 누군가의 감정 표현을 진정으로 만나게 되면 그 사람을 더 잘 이해할 수 있습니다. 마찬가지로 내 안에서 벌어지는 생각과 감정에 대한 관찰을 지속하면 우리 안에 있는 '여러 나들'에 대해 하나하나 알아갈 수 있습니다.

여러분과 함께 우리 안의 배우를 만나는 실습을 하나 해보겠습니다.

1) 잠시 숨을 고르고, 눈을 감습니다. 그리고 바로 앞에 여러분의 직장 상사나 사장님 혹은 부모님이 서 있다고 상상해 봅니다. 눈을 감고, 그들 중 하나를 바로 앞에 떠올립니다. 지금, 당신의 앞에 그 사람이 서 있습니다.
2) 즉각적으로, 몸에 어떤 변화가 있을 것입니다. 어떤 생각이

들지도 모릅니다. 그대로 느껴봅니다.

3) 이제 여러분의 호흡에 주의를 둡니다. 의식적으로 '관찰하는 나'를 가동해 봅니다. 즉 주의와 알아차림으로, 마치 머리 위에서 전등을 비추듯이, 지금 현재 자신에게서 일어나고 있는 모든 것을 관찰해 봅니다. 몸의 감각을 느껴봅니다. 몸의 크기는 어떻게 느껴지는지, 자세는 어떻게 변했는지, 감정 상태는 어떤지, 어떤 생각이 떠오르는지, 있는 그대로 관찰하여 봅니다. 시선은 계속 앞에 있는 사람을 봅니다.

4) 자, 이제 주의를 호흡으로 돌아오게 합니다.

그리고 방금 전 경험을 한번 돌아봅니다. 몸의 변화와 감정은 어땠나요? 화가 나거나 혐오가 느껴졌나요? 무시나 두려움이 있었을지도 모릅니다. 혹은 어릴 적 상처 받았던 기억이 떠올랐을지도 모릅니다. 그것들은 누구의 것이었나요? 떠오르는 생각들은 어떤 것들이었나요? '잘할게요.' '인정받고 싶어요.' '날 버리지 말아요….' 이런 것들이었나요? 혹은 그 생각을 전하는 목소리는 누구의 것이었나요? 혹은 상사를 떠올렸는데 부모님의 모습과 겹쳐지지는 않던가요? 그 사람을 보고 있는 자신은 누구였나요? 어떤 배우였나요? 아이였을 수도, 학생이었을 수도, 혹은 수습사원이나 또 다른 '내 안의 나'였을지도 모릅니다.

어쩌면 조금 어려울 수도 있습니다. 괜찮습니다. 몸의 감각과 감정의 변화, 일어나는 생각을 조금이라도 알아차리고 관찰할 수 있었다면, 그것으로 충분합니다.

꾸준히 마음챙김 상태에 머물려고 노력하다 보면, 어느 순간에 '내 안의 배우들'을 만나게 됩니다. 거듭 강조하지만, 마음챙김 명상은 피트니스와도 같아서 꾸준히 할수록 알아차리는 뇌 기능이 더 강화됩니다. 저를 포함한 수많은 마음챙김 명상 수행자들이 명상을 하는 동안 여러 역할이 준 꼬리표를 떼고 진정한 자신을 만날 수 있었다고 이야기합니다.

중요한 것은 일을 할 때, 사람들을 만날 때, 무엇보다 직장에서, 가정에서, 혹은 다른 커뮤니티에서 특정 역할을 하고 있을 때 '관찰하는 나'와 언제나 함께 하는 것입니다. 즉, 주의와 알아차림으로 마치 남을 관찰하듯이 나 자신을 관찰하려 해보세요. 역할에 있어 충돌이 오거나 대인관계가 껄끄러울 때는 '관찰하는 나'를 의식적으로 가동하는 것도 좋은 방법입니다. '아, 이제부터 나를 관찰해 보자.' 이렇게 말이죠.

책을 읽고 있을 지금 이 순간에도 가능합니다. 저와 함께 해보세요. 호흡에 주의의 닻을 두고, 책을 읽으면서 일어나는 몸의 감각 변화를 알아차립니다. 감정과 생각도 최대한 관찰합니다. 이 과정에서 부수적으로 얻을 수 있는 것은 평온함과 집중입니다. 알아차림은 우리 뇌에 편안함을 주는 세로토닌을 분비시켜 주니까요.

그리고 자신 안에서 어떤 배우가 활약하고 있는지를 찾아봅니다. 지금 이 순간이라면, 호기심으로 배우고자 하는 학생인지, 선생님을 비판하던 학생인지, 주의가 산만한 어린아이인지 찾아볼 수도 있을 것입니다. 가정에서도, 직장에서도, 내면의 배우들을 찾아보세요.

그리고 시간을 내서 다음과 같은 표를 작성해 봅니다. 일종의 '감독을 위한 캐스팅 정보'입니다.

내면의 배우 이름(예)	마음챙김으로 발견한 특성들 (생각과 감정들)	적절한 역할을 하는 때와 장소	이후 마음챙김 방안
상처받기 싫은 아이			
진취적 실행가			
자유로운 예술가			
인정받고 싶은 학생			

내면의 무대에 대한 감독이 된다는 것, 그것은 자신감과 자존감을 갖는 일입니다.

진정한 자신감은 어디에 있을까요? 진정한 자존감은 무엇일까요? 그것은 '자아에 대한 유연성'에 있을 것입니다.

위대한 실존주의 철학자 사르트르Jean-Paul Sartre는 말했습니다. '실존은 본질에 앞선다'라고요. 그에 의하면 고정된 정체성을 받아들이고 유지하려는 행위는 개인에게 주어진 실질적 자유를 회피하는 것입니다. 엘렌 랭어 교수는 '나는 누구누구'라는 자아에 대한 고정된 범주는 '마음의 감옥'이라 하였습니다.

대리, 팀장, 이대남, 이대녀, 워킹맘, 멀티 플레이어, ○○세대, ○○충 등등 이렇게 특정 명사에 자신의 정체성을 의지하고 그대로 살아가는 것, 어쩌면 더 상처받고 자책하고 자존감을 낮추는 일일 겁니다.

자책감을 느끼는 것, 자존감에 상처를 받는 것은 특정한 배우와의 동일시에서 비롯합니다. 상처받는 것은 나의 내면에 자리한 여러 배우들 중 하나일 뿐입니다. 일터에서 누군가 나를 비난했다 하더라도, 그건 단지 나의 역할 중 하나일 뿐이지 나라는 전체를 비난한 것이 아닙니다. 그러므로 자신을 자책할 필요도 없습니다. 배우가 실수를 하듯, 우리의 자아 중 일부는 늘 실수를 할 수 있음을 인정하면 됩니다.

상처 받는 것은
나의 내면에 자리한 여러 배우들 중 하나

실수한 배우에게 감독인 여러분이 해야 할 일은 무엇일까요? 아쉽게도 우리의 마음이라는 무대에서는 배우를 교체할 수는 없습니다. 교체할 수 없다면 상처받아 의기소침한 배우를 안아주고 격려해 주어야 합니다. 마음챙김 명상으로 상처받은 자신, 자존감이 낮아진 자신, 힘들어하는 자신을 지켜봐 주세요. 우리가 관심을 받아야 힘을 낼 수 있듯이, 내면의 배우는 '주의와 알아차림'으로 다시 동기가 부여될 수 있습니다.

실제로 상처받고 부정적인 기억을 무비판적인 알아차림으로 있는 그대로 바라보게 되면, 그때부터 부정적인 기억을 만드는 신경 발화 패턴이 약해진다고 합니다.[6] 뇌과학자 대니얼 시겔은 불

변의 정체성이라 일컬어지는 뇌의 신경 연쇄 집합을 마음챙김 명상이 조금씩 해체해 간다고 말합니다.[7]

여러 배우들이 적절하게 제 역할을 할 수 있게 해주는 것도 중요합니다. 독일의 심리학자이자 리더십 코치인 클라우스 혼 Klauss Horn 박사에 따르면, 내면의 배우들 중 하나가 소외되거나 배제되면 다른 배우들까지 역할을 못한다고 합니다. 예를 들어, 내면에 예술가 배우가 있는데 제 역할을 주지 않으면 사업가 배우가 열정적으로 일을 해야 할 때에 예술가적 몽상을 통해 방해를 하게 됩니다. '이렇게 일을 해서 뭐해? 멀리 떠나 음악을 하며 살고 싶다'라면서 말이죠. 마음챙김 명상으로 자신에게 예술가적 정체성이 있다는 것을 알아차리게 되었다면, 평소에 30분 정도 시간을 예술 활동에 할애해 보세요. 그러면 사업가 배우가 일을 할 때 예술가적 몽상이 방해하는 일은 없을 거예요.[8]

완벽한 무대가 없듯, 완벽한 '나'도 없습니다. 우리는 다만, 내면의 배우들을 필요한 상황마다 연기하게 할 수 있을 뿐입니다. 한 배우만 고집하지 마시고, 나에게 있는 또 다른 배우를 찾아내서 연기하게 하세요.

그러나 당신이 무대의 감독임은 잊지 마세요. 늘 배우들을 관찰하고, 그들을 하나하나 소중히 여기고, 그들이 각자의 역할을 잘할 수 있게 해주는 것이 여러분의 역할입니다.

‘나’는 발견해야 할 미지의 세계

처음에 드렸던 질문으로 다시 돌아가겠습니다. 저는 이렇게 물었습니다. 나라는 존재를 대체 어떻게 정의해야 하는 걸까요? 여러분과 함께 이야기를 나누다 보니 답을 찾은 것 같습니다.

나는 정의되는 존재가 아니라, 발견해야 할 미지의 세계입니다.

‘나는 이런 사람이야’라고 정의하거나 틀 안에 가두려고 하지 마세요. 나는 이런 사람일 수도 있고 저런 사람일 수도 있습니다. 다양한 가능성을 두고 나를 열어두세요. 그리고 명상을 통해 끊임없이 나를 발견해 가세요. ‘나’의 삶은 특정한 ‘명사’가 아니라, 끊임없이 변해가는 ‘동사’입니다.

오늘의 명상 실습

역할 마음챙김

(효과) 자신에 대한 이해, 역할 갈등 해소, 자존감 증대

명상 실습 내레이션

내면의 배우들을 초대하고 내보내는 내면의 리더로 존재하기 위한 마음챙김 명상 실습을 해보겠습니다. 먼저 다음의 과정을 따라주시기 바랍니다.

대표적인 역할 정체성 두 가지를 정합니다. 가장 쉬운 예는 가족과 직장에서의 역할입니다. 하나는 '직장에서의 나'(예: 인정받는 개발자), 또 하나는 '가족에서의 나'(예: 좋은 남편/아내 등)입니다.

또 하나의 정체성은 '진정한 나'로 정합니다. '진정한 나'는 특정한 역할을 갖지 않고 우리가 발견해야 할 미지의 정체성입니다. 마음챙김을 통해 이를 경험하려는 것이 목적입니다.

'관찰하는 나'는 알아차리는 존재입니다. 언제나 동반해야 합니다. 시작해 볼까요?

1. 편하게 앉습니다. 허리를 곧게 펴고, 척추를 똑바로 합니다. 몸을 이완합니다. 자세는 위축되지도, 거만하지도 않게, 중립적인 느낌의 자세를 취합니다. 모든 걸 받아들일 수 있다는 수용의 자세를 가져봅니다.

2. 천천히 호흡을 하며, 호흡에 주의를 집중합니다. 들숨… 날숨…. 이렇게 호흡에 이름을 붙이면서 마음챙김합니다. 서서히 마음이 고요해지며, 의식은 내면의 중심에 다다릅니다.

3. 당신의 내면에는 수많은 사람들이 살고 있습니다. 그들은 모두 당신입니다. 당신의 여러 모습들입니다. 그리고 그들을 '관찰하는 나'도 있습니다.

4. 이제 그들 중 '가족에서의 나'를 초대할 겁니다. 아들로 정했다면 아들로, 딸로 정했다면 딸로 자신을 초대합니다. 아내, 남편 혹은 자식이 있다면 엄마나 아빠로서의 자신이 됩니다. 당신은 그 역할을 수행합니다. 눈앞에는 그 역할을 수행할 때의 사람들이 있습니다.

5. 몸에 어떤 변화가 있는지, 그대로 느껴봅니다. 어떤 말이 떠오를 수도 있습니다. 여러분의 호흡에 주의를 두고, 의식적으로 '관찰하는 나'를 가동해 봅니다. 마치 머리 위에서 전등을 비추듯이, 지금 현재 자신에게서 일어나고 있는 모든 것을 관찰해 봅니다. 몸의 감각을 느껴봅니

다. 몸의 크기는 어떻게 느껴지는지, 자세는 어떻게 변했는지, 감정 상태는 어떤지, 어떤 생각이 떠오르는지, 있는 그대로 알아차려 봅니다.

6. 천천히 호흡으로 주의를 가져옵니다. 천천히 '가족에서의 나'를 가슴 속에 한 공간을 마련해 그곳에 위치한다고 상상을 해봅니다. 그 역할은 당신의 일부분일 뿐입니다. 이제 '관찰하는 나'만이 호흡을 지켜보고 있습니다.

7. 이제 '직장에서의 나'를 초대해 봅니다. 다른 이름으로 불러도 좋습니다. '성실한 기술자', '성공한 비즈니스 우먼' 어떤 것도 좋습니다. 당신

이라는 무대에 '직장에서의 나'를 등장시킵니다. 관련된 사람들이 눈앞에 펼쳐집니다.

8. 지금 현재 자신에게서 일어나고 있는 모든 것을 관찰해 봅니다. 몸의 감각을 느껴봅니다. 몸의 크기는 어떻게 느껴지는지, 자세는 어떻게 변했는지, 감정 상태는 어떤지, 어떤 생각이 떠오르는지, 있는 그대로 관찰해 봅니다. 방금 전과 어떤 차이가 있는지도 느껴봅니다.

9. 천천히 호흡으로 주의를 가져옵니다. 천천히 '직장에서의 나'의 자리도 가슴속에 만들어 그곳에 돌려보냅니다. 내면의 배우를 등장시키고 퇴장시키는 힘은 당신에게 있습니다. 이제 '관찰하는 나'만이 호흡을 지켜보고 있습니다.

10. '진정한 나'가 되었다고 상상해 봅니다. '진정한 나'는 아직 당신이 만나보지 못한 존재입니다. 그를 알기 위해 한번 초대해 보세요. 당신의 온몸을 '진정한 나'의 에너지로 채워봅니다.

11. 그럼에도 '관찰하는 나'의 자리는 그대로 있습니다. 어떤 변화가 있는지, 어떤 느낌인지, 있는 그대로 알아차립니다. 몸의 자세와 기분, 감각의 변화도 알아차립니다. 자유로운 감정인지, 슬픈 감정인지, 행복한 감정인지, 모두 그대로 알아차립니다. 의도와 생각도 알아차려 봅니다.

내면에서 어떤 말이 나오고 있나요? 그대로 알아차려 봅니다.

12. 크게 들숨을 들이쉬며, 호흡으로 주의를 가져옵니다. 길게 날숨을 쉽니다. '진정한 나' 역시 가슴속에 한 자리를 마련하여 돌려보냅니다. 이제 '관찰하는 나'만이 당신의 모든 것을 지켜봅니다.

13. 이처럼 당신은 언제든, 당신 안에 있는 여러 자아를 불러올 수 있습니다. 내면의 리더는 당신입니다. 그러기 위해서는 지속적으로 마음챙김을 해야 합니다. 이제 서서히 온몸으로 주의를 확장합니다. 지금 현재의 공간을 인식하며, 눈을 뜹니다.

어떠셨나요? 잠깐, 방금 한 명상 경험에 대해 메모를 하며 정리하는 시간을 가지시기 바랍니다. 여러 배우들을 내 몸에 초대한 경험이 어떠하였는지, 각 배우가 되었을 때 어느 점이 달랐는지 정리해 보십시오. 이 과정을 반복하는 동안, 여러분은 훌륭한 내면의 감독이 되어 있을 것입니다.

보통의 명상 TIP

1 관찰해도 사라지지 않는 생각을 정리하기

깊숙하게 숨어 있는 정체성은 발견하기가 쉽지 않습니다. 이를 발견하기 위한 첫번째 방법은 생각을 마음챙김하여도 '사라지지 않는 목소리'를 정리하는 것입니다. 바디 스캔도 좋고, 산책 마음챙김, 호흡 명상을 할 때, 어느 때라도 좋습니다. 주의를 집중하면 생각에 대한 마음챙김이 가능할 것입니다. 그때마다 반복적으로 나타나는 생각들, 알아차려도 사라지지 않는 생각들의 목록을 만들어보세요. 혹은 내가 늘 다른 사람에게 자주 이야기하는 말도 정리해 보세요. '내 안의 배우의 대사'를 찾을 수 있을 것입니다.

사라지지 않는 생각들/ 늘상 하는 말들	내 안에 있는 누구의 목소리인가?
"다 내 탓이야…."	1) 어머니가 아버지에게 늘 하던 목소리: '당신 탓이야.' 2) 어릴 적 할머니가 늘 하던 말.
"다 안 될 거야. 시도해서 뭐해…."	1) 내 안의 '안전 추구자'의 목소리. 2) 어릴 때의 기억과 함께 나타남.

사라지지 않는 생각들/ 늘상 하는 말들	내 안에 있는 누구의 목소리인가?
"실패하면 안 돼! 목표를 향해 질주해!"	1) '강한 실행가'의 목소리. 2) 어릴 적 할아버지와 아버지의 목소리.

2 싫어하는 사람의 특성을 관찰하기

숨어 있는 정체성을 발견하는 또 하나의 방법은, 여러분이 싫어하거나 혐오하는 사람의 특성을 관찰하는 것입니다. 여러분이 자신 안에서 보고 싶어 하지 않는 부분을 그 사람이 보여주고 있는 것입니다. '꼴 보기 싫은 사람'이야말로 자신을 발견하기 위한 가장 좋은 선생님입니다. 그 사람의 특징은 아마 전부 부정적인 것들로 가득 차 있을 것입니다. 그건, 여러분 안에 있는 정체성이 만든 해석입니다. 그때 내 안에 일어나고 있는 반응을 판단 없이 있는 그대로 알아차려 보세요. 그러면 조금씩 중립적으로 균형이 잡혀갈 것입니다. 예를 들어, '인색함'은 '검소함'의 다른 측면입니다. '제멋대로'는 '자유로움'의 다른 측면이고요. 이 과정을 통해 내 안의 배우의 성격도 조금씩 변화해 갈 수 있습니다. 더불어 그 사람의 몰랐던 면을 발견할 수도 있고, 관계도 개선될 것입니다.

보이지 않는 감옥

아르메니아 출신의 사상가이자 인류의 영적 스승 중 한 명인 구르지예프의 젊은 시절 일화입니다. 그가 중앙아시아 지역을 여행할 때의 일입니다. 사람들이 모여 웅성거리는 곳을 가보니, 어떤 소년이 바닥에 그려진 원 안에 앉아 울고 있었습니다. 사람들이 나오라고 해도 소년은 나올 수가 없다고 하였습니다. 주위의 장정 서너 명이 소년을 끌고 나오려고 해도, 그럴 수가 없었습니다. 알고 보니, 소년의 부족민들은 바닥에 원이 그려지면 그 밖으로 나올 수가 없다고 합니다. 구르지예프는 다가서서, 원 한쪽을 발로 슥슥 문질러 지웠습니다. 그러자 소년은 밖으로 나올 수 있었습니다.[9]

우리 역시 너무 견고한 정체성의 틀에 자신을 가두고 있지는 않았나요? 마음챙김 명상은 견고한 정체성의 한쪽 문을 여는 것입니다. 원 밖에서 우리 자신을 지켜보세요. 그리고 고정된 틀에 가두지 말고 열어보세요. 원 한쪽을 슥슥 문질러 지우는 것처럼. 그리고 자신의 변화를 즐겨보세요.

실존주의 철학자 사르트르의 말대로, 인간은 명사가 아니라 동사이니까요.[10]

9

어떻게 해야 대인관계를 원활히 할 수 있을까?

타인에게 공감하고 친절하기

공감 피로의 덫

오 대리는 오늘도 분주합니다. A사의 생산지원부에 5년째 근무하고 있는 그는, 현장의 고충을 잘 헤아리고 윗사람 아랫사람 모두에게 친절하기로 소문이 났습니다. 누구는 '오지랖'이라고 하지만, 다들 공감 능력이 탁월하다는 평가를 합니다. 오 대리 역시 공감과 친절에 관한 책도 읽어가며 노력합니다. 하지만 한편으로는 지치기도 합니다. 일종의 '공감 피로'랄까요? 혼자만의 시간이 부족한 그는 휴게실에서 커피 한 잔을 뽑아 마시면서 이런 생각을 합니다.

'내가 사라지는 것 같아. 나에게는 누가 공감해 주지?'

이제 공감 능력은 직장인들의 필수 역량 중의 하나가 되었습니다. 한 취업 포털이 직장인과 '알바생' 2860명을 대상으로 실시한 조사에 의하면, 직장인의 79.1%가 직장에서 소통의 장애를 겪고 있다고 응답했다고 합니다. 소통하기 위해 가장 중요한 요소로 '공감 능력'이 28.4%로 1위로 꼽혔습니다. '대화의 태도와 자세'(23.6%), '경청'(23.4%)이 그 뒤를 이었습니다.

그런데 같은 조사에서 근로자 90%는 평소 직장에서 소통을 위해 노력하고 있다고 답했는데요, 그 행동으로는 '상대의 이야기를 잘 들어준다'가 74.4%로 가장 많았습니다. '장단을 맞춰준다' 역시 54%로 다음을 차지했습니다.[1] 모두 소위 자기

계발이나 대화법 서적에서 많이 이야기하는 공감과 소통의 노력이라고 할 수 있습니다.

이처럼 공감이 필수가 된 사회에서, 이러한 노력들이 때로는 '공감 피로'를 야기하기도 합니다. 공감 피로는 심리학자 찰스 피글리Charles Figley가 상담가나 임상가 등 직업적으로 공감을 해야 하는 사람들에게서 발견하여 정립한 개념인데요,[2] 영국《가디언》지는 정보와 인간관계가 과부하된 현대 사회에서 공감 능력을 과하게 중시하게 되면서 공감 피로가 일반적인 현상이 되었다고 말합니다.[3] 그럼에도 불구하고《EQ 감성지능》의 저자 대니얼 골먼Daniel Goleman을 비롯한 많은 학자들의 연구에서, 공감 능력이 높은 팀일수록 더 훌륭한 업무 성과를 내고 개인들은 행복감을 느낀다고 합니다.

공감 피로의 덫에 걸리지 않으면서도, 사람들과 공감을 잘할 수 있는 방법이 있을까 궁금하지 않으신가요?

우리 안에 있는 거울

공감 능력은 인간의 생존에 절대적인 역할을 한다고 진화심리학자들은 말합니다. 우리 인류는 집단생활을 통해 생존하도록 진화하였기에, 인간의 뇌가 타인의 생각이나 감정에 적응하도록 설계되어 있다는 것이죠. 인간이 사회 규범과 문화를 가지는 이유이기도 합니다.

어느 조직심리학 실험 결과에 의하면, 팀의 리더가 행복해 보이면 부하 직원의 창의성이 개선되었고, 반대로 리더가 불행해 보이면 부하 직원의 논리성이 개선되었다고 합니다. 이는 공감 능력과 생존의 관계를 보여주는데요, 팀장이 행복해 보이면 그에 공감하는 팀원들은 생존에 위협을 받지 않기 때문에 해방감을 느끼며 아이디어를 내놓는 반면, 팀장이 불행해 보이면 팀원 역시 움츠리고 '생존 모드'에 돌입하여 살아남기 위한 논리적 사고와 활동을 한다고 합니다.[4]

아마도 우리의 뇌에는 공감을 위한 어떤 프로그램이 내장되어 있나 봅니다. 뇌신경과학자들은 이를 거울신경세포 혹은 거울뉴런이라고 합니다. 다른 사람이 하는 행동을 보는 것만으로도 뇌에는 마치 자신이 행동을 하는 것처럼 동일한 부분이 활성화가 된다는 겁니다.

상상해 보세요. 만일 여러분이 기쁘거나 슬플 때에 주위 사람들이 마치 로봇처럼 무신경하다면 어떨까요? 세상에서 홀로 떨어진 외톨이가 된 기분일 겁니다. 공감 능력은 소속감의 전제입니다. 사회심리학자들은 소속감이 사회적 인간의 가장 기본적인 욕구로서 행복의 전제조건이라 말합니다. 뇌신경과학에서는 이를 어머니와 자식의 원초적 유대에서 비롯한 것으로 봅니다. 어머니의 품 안에 안겨 있는 아이의 행복한 표정을 상상해 보세요. 인간은 집단에 소속하고 서로 공감이 이루어진 상태에서 행복을 느낄 수 있습니다.

인간의 뇌는 똑똑해지기 위해서가 아니라, 행복해지기 위해서 진화했을지도 모릅니다.

명상은 자신에 대한 공감

그렇다면, 어떻게 하면 타인에게 공감을 잘할 수 있을까요? 마음챙김 명상이 공감 능력을 높일 수는 있는 걸까요? 이 해답 역시 우리 '뇌 안의 거울'에게 물어보도록 하겠습니다.

2006년 140명 이상의 과학자들이 모인 연구회에서 명상과 거울신경세포와의 관계에 대한 세 편의 연구 논문이 발표되었습니다. 세 연구 모두에서 마음챙김 명상을 할 때 거울신경세포가 활성화되는 것이 발견되었습니다. 또 다른 연구에서도 호흡 명상을 할 때 거울신경세포가 자리한 영역이 사회 활동과 연관된 영역들과 함께 활성화되었음이 밝혀졌습니다.[5] 호흡 명상을 하면 공감 능력이 증진된다는 것으로 이해할 수 있습니다.

UCLA의 정신과 임상 교수인 대니얼 시겔 박사는 명상을 할 때 뇌에서 일어나는 과정이 대인관계에서 공감을 하는 것과 아주 유사한 형태로 볼 수 있다고 합니다. 즉, 거울신경세포가 타인에게 공감하는 것과 똑같이 우리 자신으로 하여금 스스로에게 공감할 수 있게 해준다는 것입니다.[6] 여러 차례 마음챙김 명상이 뇌를 튼튼하게 해준다고 한 이야기, 기억하시나요? 우리 대뇌피질의 두께를 증가시킨다고 했는데요, 실제로 두꺼워지는 영역이 바로 거울신경세포와 대인관계를 포함하는 영역이라 합니다.

이는 참으로 아름다운 과학적 발견입니다. 나 자신에게 마음을 열고 '있는 그대로' 공감할 수 있다면, 그것이 타인에 대한 공감으로 이어진다는 것이죠.

마음챙김은 호흡에 닻을 내리고, 우리 자신을 세심하고 부드럽게 관찰하는 과정입니다. 내면의 무대에서 연기하는 배우들을 관객석에서 감상하는 행위이기도 합니다. 즉 '관찰하는 나'가 있어서, 우리 내면의 '여러 나들'에게 주의를 두고, 그 감각을 느끼고, 목소리를 듣고, 알아차려, 이해하는 과정이지요. 바로 '내가 나에게 공감하는 과정'입니다.

뇌과학적으로 이야기하자면, 원래 타인의 마음을 알아차리기 위한 우리 뇌의 기능을 우리 자신에게 사용하고 있다고 할 수 있습니다. 저명한 심리학자인 대니얼 골먼은 이 현상을 '감정 탱고emotion tango'라고도 부릅니다.[7] 뇌가 자신의 자기인식 도구를 사용하여 타인에게 공감하여 같이 춤을 춘다고 할까요?

어쩌면, 이것이야말로 진정한 공감이 아닐까요? '다른 사람을 사랑하기 위해서는, 먼저 나 자신을 사랑해야 한다'는 많은 성현들의 말은 참으로 옳습니다.

마음챙김 명상을 경험한 수많은 사람들이 이야기합니다. 타인과 세상에 대해 보다 열린 자세를 취하게 되었고, 사람들과의 관계가 개선되었다고요. 사회생활을 위해 타인에게 일부러 공감하려 애쓸 필요 없이, 먼저 여러분 자신에게 공감해 주세요. 왜냐하면, 타인도 나와 똑같은 사람이기 때문입니다.

자기 인지 없는 공감은 공허합니다. 자신이 다른 사람보다 우수한 부분과 부족한 부분이 무엇인가 객관적으로 볼 수 없다면 다른 사람을 도울 수 없습니다. 또한 타인을 함부로 비난할 수도 없습니다. 내 안의 감정과 생각, 내 안의 분노와 죄책감과 두려움, 그리고 내 생명과 언제나 함께 해온 호흡에 주의를 기울여, 챙겨주세요. 자신에 대해 진정으로 공감하는 사람만이 타인에게 공감할 수 있고, 타인으로부터 공감받을 수 있습니다.

나 자신에 대한 꾸준한 마음챙김은, 타인에 대한 공감의 전제이자 열쇠입니다.

공감은 자연스러운 알아차림의 과정

자기계발 서적이나 대화법 강의에서 이야기하는 것과는 달리, 마음챙김 명상에서의 공감은 노력과 의무가 아닙니다. 그저 자연스러운 알아차림의 과정일 뿐입니다. 주의를 자신에게 주고 알아차리는 과정이 뇌의 공감 기능을 활성화합니다. 그리고 자신에게 주는 주의를 타인으로 이동시킬 때, 공감이 쉽게 일어날 수 있습니다. 자신과 타인은 모두 똑같이 공감의 대상이기 때문입니다.

여러분과 함께 실습을 하나 해보겠습니다.

놀이 명상 지도자인 수잔 카이저 그린랜드Susan Kaiser Greenland는 마음챙김 명상을 통해 기를 수 있는 통찰과 삶의 기술을 ABC 세 가지로 정리하였습니다.[8] 바로 주의attention, 균형balance, 공감compassion입니다. 그녀에 의하면 ABC는 순차적인 과정으로 발달한다고 합니다. A와 B의 과정이 있으면, C는 자동적으로 생성된다는 것입니다.

자, 타인과 대화 시에 자신에게 주의를 주어 알아차리는 것을 연습해 보겠습니다.

- A-주의 타인과의 만남이나 대화 시에, 자신의 호흡에 주의를 두어보세요.(지금은 책을 읽으면서 호흡에 주의를 두세요.)
- B-균형 다른 사람의 말을 하나하나 들을 때마다, 그 말이 내 몸과 마음에 일으키는 반응에 주의를 두어 관찰하세요. 이렇게 하면 타인의 말도 귀 기울여 듣게 됩니다. 저울에 타인만 올려놓지 말고, 그에 반응하는 자신 역시 같이 올려놓습니다.(지금 이 글을 읽으면서 일어나는 반응을 관찰해 보세요.)

〈 마음챙김의 구성요소 ABC 〉

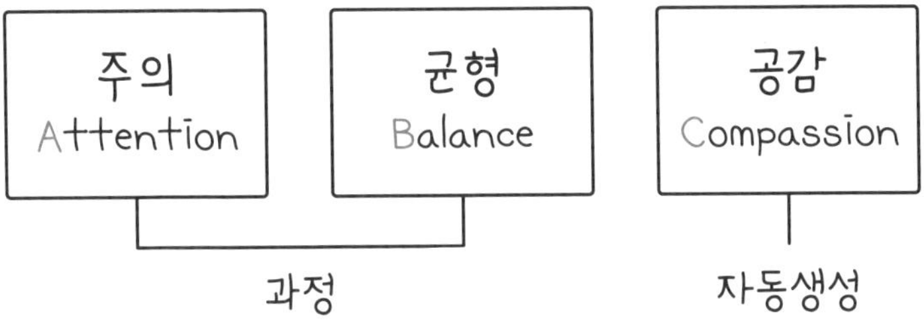

- C-공감 공감은 의도적일 필요가 없습니다. 내가 나를 관찰하는 것처럼 '그도 나와 그저 똑같은, 사람이다'라는 짧은 한마디를 마음속으로 말해보세요.(마음속으로 저에게 말해봅니다. '이 사람도 그저 나와 똑같은 사람일 뿐이다.')

어떠셨나요? 아마, 제 이야기에 훨씬 더 집중할 수 있었을 것입니다.(공감해 주셔서 감사합니다.)

타인을 있는 그대로 존중하는 방법

조금 더 발전시켜 볼까요? 이제 똑같은 방식으로, 자신에게 향하던 주의를 타인에게 향하게 할 수 있습니다. 아까 저에게 주의를 주는 짧은 실험을 했던 것처럼 타인에게 주의를 기울이면, 그 사람의 감정과 변화와 생각을 알아차릴 수 있습니다.

먼저 주의를 몸 바깥으로 향하는 연습을 같이 해보겠습니다.

1) 의자와 맞닿아 있는 부분에 주의를 두세요. 그리고 호흡이 일어나는 복부로 주의를 옮깁니다. 이제는 호흡이 드나드는 코와 입 주위로 주의를 옮겨보세요. 그리고 날숨과 함께 주의가 빠져나가는 느낌으로, 외부의 대상으로 주의를 옮깁니다(혼자 있다면 책으로 주의를 옮겨보세요).
2) 그리고 다시 주의를 몸 안의 호흡으로 가져옵니다. 그 상태에서 주위에 있는 사물이나 앞에 있는 사람을 선택해 보세요. 그리고 날숨과 함께 주의를 그 대상으로 옮기고 최대한 머물게 해봅니다. 그리고 다시 주의를 회수하여 호흡으로 가져옵니다. 몸의 한 부분, 특히 호흡에 주의를 계속 머물게 하면서 그 느낌을 알아차립니다.

아마 주의 집중이 굉장히 잘되는 걸 발견하셨을 거예요. 그리고 외부의 대상에 주의를 주면 그 대상과 '연결되는' 느낌도 가졌을지도 모릅니다. 무엇보다 주의가 머물 때 잘 관찰을 하게 되었을 것이고요.

이제 다른 사람과의 관계에서 조금 더 주의를 집중하고 공감할 수 있는 방법을 연습해 볼까요? 가능하면, 동료나 가족과 함께 1:1로 마주 앉아 같이 해보세요.

- A-주의 타인에게 주의를 계속 머무르게 합니다. 눈을 바라보는 게 좋습니다. 주의가 닿아 있으면 눈을 바라보는 게 어렵지 않을 겁니다. 주의를 최대한 머물게 하며 알아차려 봅니다. 이처럼 타인에게 주의를 주어 집중할 수 있습니다. 주의를 주는 것만으로, 여러분 뇌의 공감 기능은 활성화됩니다. 타인 역시, 주의를 집중받는 것만으로 공감받고 있다고 느끼게 됩니다.
- B-균형 주의가 상대방에게서 멀어졌으면, 다시 자신의 호흡에 주의를 둔 후 상대방에게로 주의를 옮깁니다. 이는 주의가 적절한 균형을 잡아가는 과정입니다. 상대에게 조금 더 주의를 기울여 주세요. 이 과정이 반복되면 어느 순간 서로 연결되고 있다는 느낌을 받을 수 있을 것입니다.

• C-공감 서로 연결되어 있음을 알아차리는 과정 자체가 공감입니다. 공감은 마음챙김의 결과입니다. 그 사람의 이야기를 알아차리면서 들어보세요. 그리고 마음속으로 이렇게 이야기합니다. '이 사람도 나와 같이, 평범한(똑같은) 사람일 뿐이다.'

나와 똑같이 평범한 사람

마음챙김은 언제나 '지금 이 순간'에 머무는 것입니다. 타인과의 관계 역시 그러합니다. '지금 여기'에서 자신과 타인에게 주의를 기울일 때, 서로 공감이 되는 겁니다.

또한 마음챙김은 그저 호기심을 갖고 비非판단하며, 있는 그대로 알아차리는 것이었죠.

우리는 공감이 '안쓰럽게 생각해 주고, 위해주는 것'이라고 생각하는데, 그것은 상대방을 내 기준에 따라 평가하고 재단하고 있는 것입니다. 공감은 판단과는 다릅니다. 일부러 그 사람의 말에 동의할 필요도, 반대할 필요도 없습니다.

"그 사람도 나와 같이, 평범한 사람일 뿐이다." 이 말을 다시 한번 마음속으로 말해보세요.

내가 온전히 존중받고 싶듯이, 있는 그대로 존중해 주는 것, 이것이 진정한 공감입니다. 무조건 긍정하는 것이 아니라, 때로

그 사람의 의견에 존중하며 반대할 수도 있는 것입니다. 사람은 누구나 의견이 다름을 인정하는 것이 공감이니까요.

처지를 딱하게 여겨 동정하거나 이해하려 하는 것 역시 일종의 '생각의 틀'이자 '범주'입니다. 내가 우위에 서고, 그 사람은 나보다 못한 존재로 여기는 것입니다. 내 안에 어떤 죄책감이 자리하고 있다면, 타인은 죄책감의 대상이 됩니다. 있는 그대로 이해할 수 없는데도 이해하려는 노력은 공감 피로를 낳습니다. 내 마음대로 타인을 보려 하는 것이죠.

인류를 사랑하라는 거창한 사상보다는, 지금 이 순간 내 앞의 타인이 그저 나와 같은 사람일 뿐이라고 인정하는 것, 그 인정이 바로 마음챙김에서의 공감입니다.

관계에서의 마음챙김

거울신경세포와 그 작동 체계는 우리 뇌 속에 이미 내장된 공감 프로그램이라고 할 수 있습니다. 그런데 이 프로그램이 가진 특징 중 하나가, 다른 사람에게서 지각한 신호를 나중에 스스로 재현하고 다시 체험할 수 있도록 저장해 둔다는 겁니다.[9]

이 사실은 두 가지 의미를 가지고 있습니다. 하나는, 우리가 사람을 직접 마주하지 않고도 충분히 공감을 할 수 있다는 점입니다. 나머지 하나는, 이 프로그램을 잘 사용하는 연습이 가능하다는 의미이기도 합니다.

사람을 마주하지 않고도 공감을 연습하는 방법은, 마음챙김 명상 실습 시간에 함께 해보도록 하겠습니다. 그전에 평소에 사람들과 만나 대화를 하거나 회의를 할 때 가능한 연습 방법을 소개해 드리겠습니다. '마음챙김으로 듣기'와 '마음챙김으로 말하기' 입니다.

마음챙김으로 듣기

예전 시간에 소리 관찰 명상(74쪽)을 실습했던 것 기억나시나요? 기억하신다면, '마음챙김으로 듣기'도 어렵지 않게 시도할 수 있습니다. 지금 제 이야기를 들으면서 실습해 보세요.

1) 먼저, 호흡에 주의를 둡니다.
2) 날숨과 함께, 말하는 사람에게 주의를 향하게 합니다.
3) 온전히 그 사람의 이야기에 주의를 기울입니다(소리 관찰 명상을 했던 것처럼). 내용뿐 아니라 소리의 크기와 높낮이, 그 안에 담긴 감정도 관찰해 봅니다. 이것이 바로 마음챙김으로 듣기의 자세입니다.
4) 주의가 벗어나면, 다시 호흡으로 주의를 모았다가, 그 사람으로 향하게 합니다(우리가 함께 했던 몸, 감정, 생각에 대한 마음챙김

과정과 똑같죠?).

5) 말하려는 의도가 생긴다면, 이제는 마음챙김으로 말합니다.

마음챙김으로 말하기

이젠 마음챙김으로 말해보세요.

1) 말하려는 의도를 알아차립니다. 감정 상태도 알아차려 봅니다.
2) 호흡과 함께, 3초 정도 상대방이 말한 내용과 내가 말할 내용을 정리합니다.
3) 말과 함께 나오는 내 몸의 감각에 주의를 주며 말합니다. 입이나 혀의 움직임이 가장 알아차리기 편하겠죠. 귀에 들려오는 나의 목소리 톤에도 주의를 기울입니다.
4) 상대가 말을 시작하면, 다시 마음챙김으로 듣습니다.

핵심은 '주의 기울이기'와 '알아차림'입니다. 온전히 주의를 주면서 듣고 말하세요. 마음챙김 듣기만으로도 상대방 뇌 속의 거울신경세포가 작동하여 자신이 공감받고 존중받았다고 느끼게 될 것입니다. 그렇게 느끼지 않았더라도, 뭐 어떻겠습니까? 여러분은 충분히 자신과 상대방을 존중했는걸요? 나머지는 그 사람의 몫입니다.

빠르게 대화가 오가는 일상생활에서는 대화 중간에 마음챙김에 실패하는 경우가 더 많을 것입니다. 괜찮습니다. 모두가 그렇습니다. 지금 실패하더라도 지속적으로 연습한다면 공감 능력은 자연스럽게 향상될 것입니다.

앞서 살펴보았듯이, 공감 능력은 사회화를 위해 진화하였습니다. 행복한 조직생활을 위한 중요한 요소입니다. 노스캐롤라이나 대학의 바버라 프레드릭슨Barbara Fredrickson 교수팀의 연구 결과, 9주간 공감 친절 명상을 한 그룹의 경우 목적의식이 증대되었고, 고립감과 소외감이 줄어든 것을 알 수 있었습니다.[10]

여러분 자신을 공감하고 스스로를 가치 있게 여긴다면, 뇌 안의 거울을 비추는 다른 사람도 그에 영향을 받게 될 것입니다. 서로가 서로를 비추는 효과가 생겨나 행복은 전염됩니다. '내면의 리더십'은 자신에 대한 공감과 친절로부터 시작한다는 것을 잊지 마시기 바랍니다.

아, 한 가지 더! UC데이비스 메디컬센터의 클리퍼드 샤론Clifford Saron 박사 팀은 공감 친절 명상을 포함한 마음챙김 명상 참여자들에게서 텔로미어라는 노화 관련 염색체의 진행 속도가 늦춰지는 것을 발견하였습니다.[11] 이처럼 노화도 방지한다고 하니, 이것만으로도 마음챙김 명상은 우리 자신을 돌보는 현명한 방법임이 분명해 보입니다.

오 늘 의 명 상 실 습

공감 친절 명상

(효과) 자존감 증대, 이타심 증대, 원활한 대인관계

명상 실습 내레이션

오늘 실습할 명상은 '공감 친절 명상'입니다. 이 명상은 '자애, 친절, 자비 명상Loving-kindness meditation'이라는 이름으로 수천 년 전부터 여러 문화권에서 유사한 형태로 행해올 만큼 인류에 보편화된 명상 방법입니다. 그만큼 개인과 사회 전체에 이타심을 증진시킬 수 있습니다. 공감과 친절은, 마치 빛이나 에너지처럼 '방사'하는 것이라고 합니다. 우리가 가진 상상과 심상화 능력을 이용해 우리 자신과 다른 존재에게 공감의 빛을 전해보도록 하겠습니다.[12]

1. 척추를 바로 세우고, 어깨에는 힘을 뺍니다. 눈을 감고, 몸 전체에 돌아가며 주의를 주면서, 긴장된 부분이 없는지 살펴봅니다. 얼굴 근육을 이완하고 아주 부드럽게 옅은 미소를 지어봅니다. 천천히, 자연스럽게,

호흡을 합니다. 호흡이 드나드는 부분에 주의를 주며 알아차립니다. 서서히 마음이 고요해지고, 의식은 더 명료해집니다.

2. 이제 당신의 앞에 당신 자신이 있다고 상상합니다. 당신의 어떤 모습이든 좋습니다. 어린아이일지도 모르고, 어른인 당신일 수도 있습니다. 1.5미터 정도 앞에 당신 자신의 모습이 있습니다. 조금 더 명료해지도록 날숨에 주의를 담아 앞에 있는 당신 자신에게 보냅니다.

3. 앞에 있는 당신의 이름을 불러봅니다. 부드럽게 "○○(누구누구)야~"라고 불러봅니다. 그리고 이렇게 말해봅니다. "네가 행복하고 평안해지

기를 바라."

4. 그 말을 하고 난 후 어떤 변화가 있는지 알아차려 봅니다. 앞에 있는 당신 자신이 어떤 표정을 짓고 있는지, 어떤 감정인지, 크기는 어떤지… 그 변화를 관찰해 봅니다. 그리고 다시 마음속으로 이야기해 봅니다. "○○야, 난 네가 행복하고 평온하기를 바래." 이제 몸에 일어나는 느낌을 관찰해 봅니다. 감정이 일어나도 괜찮습니다. 감정을 그대로 알아차려 봅니다. 그러고 천천히 호흡을 들이쉬고, 내쉽니다.

5. 이제 당신의 부모님이 당신의 앞에 있다고 상상합니다. 당신은 부모님의 앞에 앉아 그들을 올려다보고 있습니다. 그분들은 부드럽게 당신을 내려다봅니다. 그분들에게 이렇게 이야기합니다. "어머니, 아버지, 모두 행복하고 평안해지기를 바랍니다."

6. 그리고 그들의 안녕을 기원합니다. 그리고 몸에 어떤 변화가 일어나는지 관찰해 봅니다. 천천히 호흡을 들이쉬고 내쉽니다.

7. 이제 당신과 크게 다투거나, 미워하거나, 증오하는 사람을 눈앞에 상상합니다. 조금 어려울지 모릅니다. 용기를 내어 눈앞에 그 사람을 세워 봅니다. 날숨과 함께 그 사람에게 주의를 줍니다. 그 사람의 눈을 바라 봅니다. 몸의 변화를 있는 그대로 알아차립니다. 그리고 이렇게 이야기

합니다. "당신도 나와 같이 고통받았습니다. 당신이 고통에서 벗어나 행복하고 평안하기를 바랍니다."

8. 크게 들숨을 들이쉬고, 내쉽니다. 이 한마디가 당신의 몸에 어떤 변화를 일으키는지 느껴봅니다.

9. 이제 당신 앞에 당신의 부모님과 가족, 그 뒤로 많은 사람들이 같이 서 있습니다. 날숨과 함께 그들 모두에게 공감과 친절의 바람을 보내봅니다. 날숨을 따라 그 친절을 끝없이 펼쳐나갑니다. 그리고 이렇게 이야기합니다. "당신들 모두가 행복하고 평안하기를 바랍니다."

10. 그들과 당신 모두에게 일어나는 변화를 감각하고 알아차려 봅니다. 이제 당신은 그들과 함께 서 있습니다. 그들과 함께 있을 때, 당신은 더할 것도 뺄 것도 없이 완벽한 존재입니다. 그 느낌을 그대로 느껴봅니다.

11. 이제 천천히 호흡으로 돌아옵니다. 지금 앉아 있는 공간에 주의를 주며, 인식해 봅니다. 서서히 눈을 뜹니다.

어떠셨나요? 지금 몸에 어떤 변화가 있는지 느껴보세요. 방금 실습한 것과 같이, 공감은 나 자신으로부터 시작하여 타인으로, 그리고 더 많은 사람에게로 향할 수 있습니다.

마음챙김 공감도 ABC로 기억해 주세요.

A(attention)는 나 자신입니다.('주의'는 나의 것이죠.)

B(balance)는 타인입니다.(타인이 있어야 '균형'이 잡힙니다.)

C(compassion)는 모든 존재입니다.('공감'은 보편적인 것입니다.)

어떤 사람에게는 공감이 잘되고 어떤 사람에게는 안되었을지도 모릅니다. 괜찮습니다. 일주일에 한 번씩은 공감 친절 명상을 해보세요. 많은 명상 수행자들이 경험했듯이 가족과 직장 모든 사람의 관계가 한층 편안해질 것입니다.

보통의 명상 *TIP*

1 '자신에게 친절하기' 목록 작성하고 실행하기

'다른 사람이 내게 해주었으면 하는 친절 목록'을 작성해 보세요. 그리고 그 일을 다른 사람이 아닌 자신에게 해주세요. 예를 들어, '내가 실수했을 때 다른 사람들이 나를 질책하지 않았으면 좋겠다'라고 목록에 적었다면, '실수했을 때 스스로 비난하지 않기'를 실행해 보세요. '맛있는 저녁을 사주었으면 좋겠다'가 있다면, 스스로에게 한 끼의 멋진 저녁을 선사해 보시기 바랍니다. 이 모두는 마음챙김과 함께할 때 더 가치가 있음을 잊지 마세요.

다른 사람이 내게 해주었으면 하는 친절 목록	나 자신에게 실행할 계획	이행 여부
내가 실수했을 때 질책하지 않았으면	실수했을 때 스스로를 비난하지 않기	
잔소리보다는 행동으로 보여주었으면	불평보다는 행동을 먼저 하기	
내 일을 좀 더 알아주고 인정해 주었으면	일을 마쳤을 때 스스로를 인정해 주고 자신에게 작은 선물을 해주기	

2 고객에 대한 공감 친절 명상하기

고객, 혹은 일의 결과물이 도달하는 최종 당사자를 눈앞에 떠올리고 공감 친절 명상을 해보세요. 팀 사람들과 함께 해보는 것도 좋습니다. 일의 의미가 없어지거나, 생산품이나 고객 서비스 등으로 의견이 대립할 때 효과가 있습니다.

사례를 하나 보겠습니다. 글로벌 회사 A사에서 제품 개선과 매출 향상을 위한 회의가 있었습니다. 그들은 판매실적이나 판매 제품에 대한 생각을 잠시 접어두고, 고객에게 의도적으로 주의를 집중해 보는 마음챙김 실험을 해보았습니다. '내가 고객이라면 무엇을 원하는가'라고 생각하면서 다양한 아이디어를 도출했습니다. 참가자 대상 설문 결과, 회의에 참여하는 것이 즐거웠을 뿐 아니라 회의 결과도 성공적임을 발견했습니다.

실제로 서비스를 기획하거나 발표 준비를 할 때에도, 서비스가 도달하는 대상이나 참가자들를 떠올리며 짧게 공감 친절 명상을 해보세요. 우리 안에 내재한 공감 프로그램이 작동해서 더욱 직관적인 정보를 얻을 수 있습니다.

세상에서 가장 큰 것

아이들에게 선생님이 물었습니다. 세상에서 가장 큰 것은 무엇이지? 한 소녀는 대답했습니다. "우리 아빠요." 또 다른 아이는 "코끼리요"라고 대답했습니다.

조용히 있던 한 아이에게 선생님이 다시 물었습니다. 그 아이는 대답했습니다. "내 눈이 세상에서 가장 커요." 모두들 의아해서 물었습니다. "왜 그렇지?"

"내 눈은 저 애 아빠도 비칠 수 있고, 코끼리도 볼 수 있어요. 산도, 하늘도 볼 수 있으니까 제 눈이 제일 큰 게 틀림없어요."[13]

눈은 마음의 거울이라고 합니다. 우리가 먼저 깨끗이 해야 할 것은 우리 안에 있는 마음이 아닐까요? 그래야 그 안에 다른 존재를 담을 수 있을 테니까요. 우리 자신에 대한 마음챙김이 선행될 때 타인에 대한 공감과 친절도 시작될 수 있습니다.

10

나는 정말 행복할 수 있을까?

행복의 열쇠 찾기

행복의 열쇠, 명상

우리나라 직장인 10명 중 4명은 '현재의 삶에서도 직장에서도 행복하지 않다'고 생각한다고 합니다. 《중앙일보》와 블라인드가 직장인 회원 5만 2924명(4932개 기업)을 대상으로 실시한 온라인 설문 결과입니다. 같은 조사에서 삶의 행복도와 직장 만족도 사이에는 높은 상관관계(0.77)가 있는 것으로 조사됐습니다. 즉, 삶에서 행복감을 느끼며 사는 사람이 직장생활에서도 만족도가 높다는 것이죠. 직장 만족도는 1년 미만 직장인들에게서는 높게 나타났지만, 1년이 지나고 나서부터 떨어지기 시작하여 2~5년차에서 가장 낮게 나타났습니다.[1]

서울대학교 행복연구센터의 최인철 교수는 각국의 심리학자들의 연구에서 공통적으로 도출된 '행복에 도움이 되는 11가지 활동'을 저서《굿 라이프》에서 소개했습니다. 그중 첫 번째가 '명상하기'입니다. 다음으로 운동, 친절 베풀기, 자신에게 중요한 목표 추구, 감사 표현, 지금 이 순간을 음미하기, 타인과 비교하지 않기 등입니다.[2]

이러한 활동들은 마음챙김의 특성과 일치합니다. 마음챙김 기반 스트레스 완화 프로그램은 '지금 이 순간에 머물게 하는 것', '타인이 아닌 자신을 보는 것', 그리고 '공감과 친절을 베푸는 것'을 마음챙김이라고 말합니다.

마음챙김을 기반으로 구글의 리더들과 직원들을 위해 개발된 명상 프로그램인 '내면 검색Search Inside Yourself' 역시 그 목적이 직장인의 행복에 있다고 합니다. 구글의 천재 개발자라고 일컬어진 차드 멩 탄은 구글 동료들의 행복이야말로 가장 관심을 기울이는 대상이라며, '행복은 훈련될 수 있는 기술이다'라고 이야기합니다.

직장 만족도 증가를 위해 해외 기업들은 앞다투어 마음챙김을 위한 프로그램을 도입하고 있는데요, 페이스북, 포드, 제너럴밀스, 골드만삭스 등 미국의 주요 기업들에서 마음챙김을 위한 프로그램을 운영하는 이유는 직원 행복과 업무 성과 증대라고 합니다. 직원 행복과 업무 성과, 모두를 높인다는 이야기인데요, 우리나라 직장인들에게 시사하는 바가 큽니다.

마지막 강의 주제는 '행복'입니다. 명상은 어떻게 우리에게 행복을 가져다 주는 기술이 될 수 있는 걸까요?

행복의 열쇠는 우뇌에

1996년 어느 날이었습니다. 미국의 뇌과학자인 질 볼트 테일러Jill Bolte Taylor 박사는 평소와 다름없이 잠에서 깨어났습니다. 그리고 자신의 뇌에 이상이 생긴 것을 발견했습니다. 좌반구의 혈관이 터져버린 것입니다. 그는 뇌과학자답게 자신의 뇌가 어떤 기능 이상을 일으키는지 관찰하였습니다. 그의 이야기를 직접 들어볼까요? 우리가 배운 마음챙김 명상과 어떤 공통점이 있는지 찾아보시기 바랍니다(주요 부분을 밑줄로 강조하였습니다).

"저에게 작은 뇌출혈이 일어나던 그 아침에, 좌뇌의 기능이 잠깐 멈추고 우뇌의 기능이 활성화되었던 경험을 들려드리려 합니다. 그 날은 제 인생을 바꾼 아침이었습니다. 1996년 어느 날이었어요. 아침에 일어났는데 머리가 좀 아픈 거예요. 그래도 평소처럼 운동 기구에 올라가서 운동을 했는데, 뭔가 이상한 현상이 일어났어요.

'나'라는 사람이 먼 우주로 가서, 이 경험을 하는 나라는 사람을 마치 남처럼 목격하고 있는 겁니다.

어? 머리가 이상해졌네? 하면서 운동 기구를 내려와 거실로 걸어갔어요. 그런데 내가 걸어가고 있는 한 걸음 한 걸음이 슬로우모션처럼 그대로 감각되는 거예요. 욕실로 갔습니다. 그런데 이젠 내 안에서의 대화가 그대로 들리는 겁니다. "이런, 근육의 긴장을 풀어야지", "뭔가 기분이 이상한데"라는 생각이 내 안에서 목소리로 들리기 시작하는 거예요.

그러고는, 점차 내 몸의 경계와 외부의 경계가 사라지기 시작했어요. 내 팔의 원자와 분자들이 욕실 벽의 분자들과 뒤섞이기 시작한 거예요.

그러다 갑자기 내면에서 수다를 떨던 목소리가 멈추었습니다. 그리고 저는 말로 표현할 수 없는 엄청난 아름다움을 느끼기 시작했어요. 그 장엄함에 사로잡혀 있는데, 제 안에서 갑자기 목소리가 들려왔어요. 생각이 남의 목소리처럼 들리기 시작한 거예요. "이봐, 문제가 생겼어.", "그렇게 있으면 안 돼, 회사에 전화를 해야지…."

다시 목소리가 멈추자, 얼마 후 엄청난 행복감이 밀려왔습니다. 나의 일과 스트레스가 저 멀리, 나와는 먼 거리에 떨어져 있는 것처럼 보였어요. 마치 어떤 물리적 거리가 있는 것처럼, 나에게서 떨어져 나의 스트레스를 바라보는 거였어요. 저는 다시 말할 수 없는 평화로움을 느꼈습니다. 무엇보다 세상 모든 사람들과 연결되어 있음을 느꼈어요. 순간의 즐거움이나 기쁨과는 비교도 안 되는 깊은 행복감이었어요. 제 인생에서 처음으로, 무려 37년 만에 처음 느껴보는 행복이었어요."

그는 눈물을 흘리며 얘기를 합니다.

"우뇌는 모두 현재의 순간에 대한 자각을 합니다. 우반구가 관심 있는 건 바로 지금, 이 순간에 대한 것입니다. 우리 몸의 움직임을 운동 감각으로 알아내고 모든 감각 시스템을 통해 동시에 들어오는 정보들을 한꺼번에 알아차립니다.

좌뇌는 현재를 모릅니다. 과거의 것을 분석하여, 미래에 대비합니다. 세부 사항을 파악하고, 또 파악하는 일을 멈추지 않는 수다쟁이입니다. 끊임없이 생각을 만들어냅니다. '가장 중요한 건 나야, 나야!'라고 외치며 외부 세상과 사람들과 분리시키는 일을 합니다.

이처럼 좌뇌는 직렬로 작동합니다. 과거와 미래로, 그리고 '나'라는 정체성 안으로 파고듭니다. 우뇌는 병렬로 작동합니다. 이 순간의 냄새와 맛과 느낌과 소리를 한꺼번에 알아차리고, 외부 세계와 서로 연결하고 공감합니다.

그리고 응급 치료를 받은 그날 저는 알게 되었죠. 세상 모든 사람들이 왼쪽 뇌에서 오른쪽 뇌로 조금만 더 가는 걸 선택하기만 한다면, 스스로 평화와 행복을 발견할 수 있다고."[3]

이 뇌과학자의 감동적인 경험은 우리가 지금까지 차근차근 밟아온 마음챙김 명상의 여정과 꼭 같다는 것, 아마 발견하셨을 겁니다.

몸의 감각에 닻을 내리는 실습 과정을 진행하면서, 우리는 우뇌를 평소보다 더 많이 작동시켰습니다. 우뇌를 많이 사용하면서 예전의 좌뇌 중심의 삶과 균형을 맞추어가기 시작하였습니다. 감각에 대한 주의와 알아차림, 현재의 순간에 머물기, 자기 관찰, 자신의 생각을 듣고 알아차리기, 집중과 고요, 그리고 외부 세상과의 연결과 공감, 지금까지 우리가 하나하나 밟아온 주의 기울이기와 알아차림의 여정은 그가 이야기한 모든 경험과 꼭 같습니다.

명상은 '행복해지는 열쇠'입니다.

행복의 열쇠를 손에 들고

마음챙김 명상을 함께 해온 우리는 이미 행복의 열쇠를 손에 쥐고 있습니다. 정말이냐고요? 행복이라는 주제로 지금까지의 여정을 돌아보면 알 수 있을 거예요.

1. 몸의 감각

몸에 대한 감각에 닻을 내릴 때, 우리는 즉각적으로 행복에 가까워집니다.

몸의 감각에 주의를 줄 때, 우리 우뇌가 작동합니다. 우리는 뇌의 오른쪽 부분에 전체 신체에 대한 공간 지도를 갖고 있기 때문입니다. 공간과 운동, 그리고 감각에 대한 지각을 담당합니다. 이때 좌뇌에 있는, 언어와 생각을 담당하는 중추의 과부하가 완화되어 불안이나 우울, 두려움을 만드는 생각의 늪에서 빠져나올 수 있는 것이죠.

감각은 인간뿐 아니라 모든 생명체가 가진 축복입니다. 언어와 생각의 필터를 거치지 않고 세상과 직접 만날 수 있는 유일한 방법이기도 합니다. 숲이나 바다로 휴가를 떠났으면, 나무의 냄새와 바다의 시원함을 그대로 느껴보세요. 얼굴을 스치는 바람의 감촉과 바람이 속삭이는 소리를 그대로 알아차려 보세요. 사랑하는 사람의 손을 잡았을 때, 손에서 뛰는 맥박을 그대로 느껴보세요. 그리고 우리 자신의 몸에 느껴지는 감각을 알아차리고 사랑해 주세요. 일상에서 몸에 느껴지는 감각 하나하나에 행복이 있습니다.

어쩌면 인간의 뇌가 느끼는 행복은, 아주 어릴 적 어머니의 품 안에 안겨 있었을 때의 그 감각으로부터 유래했는지 모릅니다. 매사추세츠 종합병원의 사라 라자르Sara Lazar 박사와 동료 연구자들은 명상을 오래 실습해 온 사람들에게서 중앙 전전두엽의 두께만 증가한 것이 아니라 뇌의 오른쪽에 있는 섬insula이라는 부위의 확대도 일어난다는 것을 발견했습니다. 기능적 자기공명영상으로 우리가 특정 활동을 할 때 뇌의 어떤 부위가 활성화되는지를 확인할 수 있는데요, 명상을 오랜 시간 해온 사람들에게는 마치 어머니의 품에 안긴 아이가 행복감을 느낄 때와 같은 우뇌의 활동이 보였다고 합니다.[4] 사람들과 연결될 때와 같은 깊은 행복감은 내 몸의 감각과 알아차림으로 연결될 때 가능합니다.

2. '지금 이 순간'

기억하시죠? 카르페 디엠! '지금 이 순간'이 행복의 열쇠입니다. 사랑하는 사람의 눈을 바라보고 있는데, 그 사람이 과거의 연인 생각이나 미래에 만날 다른 사람을 그리고 있다면, 여러분은 행복할까요?

존재하는 시간은 현재밖에 없습니다. 이는 부정할 수 없는 물리적 사실입니다. 우리가 할 수 있는 일은, 모든 순간순간을 가치 있게 받아들이고, 그 순간들을 알아차리는 것입니다. 마음챙김은 호흡을 중심으로 현재의 감각에 주의를 두는 것을 가장 기본으로 합니다. 그럼으로써, 순간순간에 머물러 현재를 최대한 만끽할 수 있습니다.

우리가 지금까지 벗해온 엘렌 랭어 교수는 이렇게 말합니다.

"조금 진부하게 들리겠지만, 내가 진심으로 믿는 말이 있어요. '삶은 순간의 연속이며, 오직 그뿐이다.' 매 순간을 중요하게 받아들이면, 모든 순간이 중요해집니다. 마음은 챙기거나 놓치거나 할 뿐이에요. 일도 잘하거나 그르칠 뿐이죠. 최악의 경우는, 마음도 놓치고 일도 그르치는 겁니다. 그러니 무슨 일을 하든(매 순간) 새로움을 알아차리고, 매 순간을 의미 있게 만들어보십시오. 그러면 삶이 풍요로워질 것입니다."[5]

책을 읽는 지금 이 순간, 여러분의 몸에 감각을 두고 호흡을 느껴보세요. 지금 저의 이야기를 들으면서 몸에 느껴지는 변화를 그대로 알아차려 보세요. 우리가 행복할 수 있는 순간은 바로 지금, 현재일 뿐입니다.

이처럼 마음챙김은, 주의를 자신의 내면에 두고, 내 안에서 일어나는 현상들을 그대로 알아차리는 과정입니다. 그것은 '자기 자신을 마치 남처럼' 관찰하는 방법이기도 합니다. 판단하지 않고, 반응하지 않고, 나 자신을 흥미롭게 지켜보는 것입니다.

진정한 자유는 관찰에 있습니다. '옳고 그름'이라는 범주 바깥에 있습니다. 관찰은 우리를 자동 조종하는 습관으로부터 자유롭게 할 수 있습니다. 습관적인 의도를 지켜볼 수 있습니다.

다른 사람들이 자신을 비난하거나 이해하지 못한다 해도, '관찰하는 나'는 상처받지 않을 수 있습니다. 선입견과 범주에 사로잡힌 사람은 내가 아니라, 마음챙김이 안 된 상태에서 나를 비난하고 있는 타인입니다. 그리고 비난받은 것은 내 안에 자리한 '여러 나들' 중 하나입니다. 그러므로 상처받을 필요 없습니다. 우리가 상처받았을 때 누군가의 조언보다는 그저 옆에서 바라봐 주는 것이 가장 큰 위로가 되듯이, 마음챙김으로 상처받은 내 안의 자아를 그저 지켜봐 주고 보듬고 위로해 주세요.

'있는 그대로' 관찰하는 마음챙김 명상은 삶의 고통을 회피하는 것이 아니라, 한 발 한 발 긍정적으로 다가가게 해줍니다. 위스콘신 대학의 신경과학자 리처드 데이비슨의 접근/회피 시스템을 기억하시나요? 업무 강도가 높기로 유명한 생명공학 회사의 직원들은 마음챙김 명상을 30분씩 8주간 실시한 후에 삶의 어려움에 대해 회피하지 않고 긍정적으로 접근하는 쪽으로 변화하였습니다. 대다수 참가 직원들은 '일을 사랑하는 이유'가 다시 떠올랐다고 합니다. 입사 초기의 에너지를 얻었던 열정과 다시 가까워진 것입니다.[6]

마음챙김 명상은 마치 탐험가처럼 우리의 내면을 계속 들여다보는 과정입니다. 내면에 대한 탐험 속에서, 우리 안에 숨어 있던 어린아이 같은 흥미와 열정을 다시 발견할 수 있을 것입니다.

4. 집중과 몰입

멀티태스킹은 우리의 뇌 기능을 손상시킵니다. 수많은 정보와 역할들은 우리를 탈진하게 하고 불행하게 합니다. 일할 때 집중해서 일하지 못하고, 쉬거나 놀 때에도 즐기지 못하는 사람은 일과 삶의 어느 쪽에서도 균형을 잡지 못합니다.

하버드 대학의 매튜 킬링스워스Matthew Killingsworth와 대니얼 길버트Daniel Gilbert는 방황하는 마음이 우리의 행복 지수를 크게 낮춘다는 것을 발견했습니다. 연구팀은 아이폰 앱을 활용한 설문으로 50만 건의 방대한 데이터를 수집하였는데요, 활동의 종류와 상관없이 딴생각을 할 때에는 집중 상태보다 행복도가 크게 떨어졌습니다. 설사 즐거운 생각을 하고 있다 하더라도, 이 역시 딴생각이기 때문에 행복도에는 큰 변화가 없었습니다. 연구팀은 말합니다. '인간의 마음은 방황하는 경향이 있고, 마음이 방황할 때

우리는 전혀 행복하지 않다'라고요.[7]

마음챙김은 우리의 주의력의 닻을 내려 방황하는 마음을 지금 이 순간에 붙잡아 두는 연습입니다. 즉, '행복해지는 연습'이라고 할 수 있습니다.

철학자 존 스튜어트 밀John Stuart Mill은 '네 스스로 행복하냐고 묻는 순간, 행복은 달아난다'라고 했습니다. 세계적인 베스트셀러 《몰입》의 저자, 칙센트미하이Mihaly Csikszentmihalyi 교수는 이렇게 말합니다. "행복은 직접적으로 찾을 때가 아니라 좋든 싫든 간에 우리 인생의 순간순간에 최대한 몰입할 때 온다."[8]

우리가 배운 호흡 명상은 집중력을 기를 수 있는 최고의 훈련입니다. 우리가 살아 있는 한, 호흡은 늘 현재진행형입니다. 그러므로 호흡에 대한 마음챙김을 할 때 우리를 순간순간에 머물게 하고 집중력을 키워줍니다. 지금 호흡에 주의를 두어보세요. 숨을 크게 들이쉬고, 내쉬어 봅니다. 어떠신가요? '행복은 호흡에 있다', 저는 이렇게 말하고 싶습니다.

5. 공감과 수용

인간은 사회적 동물로 진화하였습니다. 공감은 사회관계의 전제입니다. 누군가 우리에게 공감해 줄 때, 우리의 내면에서는 '아, 내가 그 사람을 위해 존재하는구나' 하는 느낌을 받게 됩니다. 공감은 '자신이 존재한다는 감정', 즉 자존감의 전제입니다.

공감은 '있는 그대로 존중해 주는 것'을 의미하기도 합니다. 마음챙김 명상에서 공감은 찬성이나 동의가 아닙니다. 찬성/동의는 누군가를 제외하게 합니다. 뇌과학에 의하면, 그때 우리 뇌 안의 편도체에서 '싸울 것인가, 도망갈 것인가', 즉 투쟁/회피 반응의 회로가 작동하게 됩니다. 그러면 스트레스 호르몬이 자동적으로 분비되어 불편함과 긴장의 상태가 만들어집니다. 이 회로가 고착되면, 늘 일정 정도 불행한 상태에 있게 됩니다. 강한 이분법으로 세상의 옳고 그름을 주장하는 사람들을 떠올려보세요. 늘 화가 나 있고 불행해 보이지 않던가요?

지금 한번 눈을 감고, 호흡을 인식하며 그들에게 마음속으로 이렇게 말해봅니다. '그들도 나와 똑같이 평범한 사람이다. 내가 안전하고 행복하기를 원하듯이, 그들이 안전하고 행복하기를 원한다.' 아마 마음이 훨씬 편해졌을 겁니다.

마음챙김 상태는 포함과 수용의 상태입니다. 마음챙김 명상으로 먼저 '나 자신'에게 공감해 주세요. 우리의 내면에서 벌어지고 있는 모든 현상들을 '있는 그대로' 바라보고 수용합니다. 내 안에서 펼쳐지는 무대 공연을 바라보듯이, 생각과 감정과 몸에 일어나는 감각을 거부하지 않고 모두 수용합니다. 그리고 여러분 자신의 내면을 마음챙김한 것과 똑같이, 타인에게 공감해 보세요. '있는 그대로' 타인에게 귀 기울이고, 그 모습 그대로 존중해 보세요. 구글의 뇌 스캔 실험에서 '과학이 측정한 세계 최고 행복남'으로 유명해진 마티유 리카르의 행복의 열쇠는 오랜 시간의 마음챙김 명상, 특히 공감 친절 명상이었다고 합니다. 행복은 훈련될 수 있는 기술입니다. 여러분도 꾸준히 마음챙김 명상을 해보세요. 적어도 '동네 최고의 행복 남녀'는 될 수 있지 않을까요?

열쇠를 돌려야 행복의 문이 열린다

우리는 명상이 행복의 열쇠라는 것을 알았습니다. 아마, 인류가 수천 년 동안 발명한 가장 좋은 열쇠가 아닐까 합니다. 하지만 열쇠를 가지고 있다고 문이 열리지는 않습니다. 열쇠를 돌려야 문이 열립니다. 오히려 열쇠를 가지고 있으니, 언제나 열 수 있다고 믿는 사람들이 많습니다. 그래서 문을 여는 것을 뒤로 미루게 됩니다. 명상을 '머리로만' 하는 사람들도 있습니다. 강의를 듣고 책을 읽고 연구를 했다고, 유튜브에서 명상에 대해 이야기하고 시청한다고 해서, 명상 앱을 깔아놓는다고 해서 행복에 다가서지 못합니다. 오히려 때로는 앎이 삶을 방해하기도 합니다.

또한 명상은 꾸준한 것이 중요합니다. 명상 한 번 했다고, 행복이 물밀 듯 찾아올 리 없습니다. 명상은 뇌 피트니스라고 계속 이야기했습니다. 피트니스는 꾸준함이 중요합니다. 한 번 격렬하게 운동한다고 근육이 자라나거나 체질이 바뀌지 않듯이, 마음의 근육인 뇌를 발달시키고 마음의 체질을 바꾸기 위해서는 꾸준함이 중요합니다.

다행히도 명상은 그리 큰 시간과 비용이 들지 않는, '가성비가 너무나 좋은 열쇠'입니다. 하루 10분에서 30분만 투자해 보세요. 행복과 업무 성과, 두 마리 토끼를 잡을 수 있을 것입니다. 그러므로 마음챙김을 위한 명상 실습 계획을 잡는 것이 중요합니다. 함께 잡아볼까요?

먼저 일상에서 할 수 있는 명상 목록을 254쪽의 표와 같이 작성해 봅니다. 자동 조종 모드를 멈추고, 자신의 일과 사람들과의 관계에서 보다 주체성을 갖고 임하게 해줄 것입니다.

일상에서의 마음챙김을 더 원활히 해주고, 집중력과 알아차림, 그리고 공감 능력을 높이기 위해서는 따로 시간을 내서 명상을 해야 합니다. 혼자 하거나, 가족 또는 동료들과 함께 해보세요. 호흡 명상을 중심으로 255쪽과 같이 계획을 잡아보면 어떨까요?

가장 좋은 훈련 장소는 물론 여러분의 마음속입니다. 그리고 언제나 할 수 있습니다. 그렇기 때문에 마음챙김은 '가장 쉬운 행복의 방법'입니다. 동시에 가장 어렵기도 합니다. 했는지 안 했는지 다른 사람은 알 수 없기 때문입니다. 그러나 스스로는 알 수 있죠. 마음챙김을 하고 있다면, 더더욱 자신을 속이기는 어렵습니다. 스스로 선택하는 삶의 시작을, 마음챙김 명상과 함께해 보세요.

〈일상에서의 마음챙김〉

일상에서 마음챙김을 위한 명상	계획	실행 여부	결과에 대한 시사점
마음챙김 커피 타임	매일 5분	8/1 점심시간	8/1 몰랐던 커피 향을 알게 됨. 30분 전 있었던 언쟁으로 인한 흥분을 가라앉힘.
회의 시작 전 1분 명상	매 회의 시 30초~1분		
걷기 명상	3일에 1회 15분		
양치질 명상	매일		
식사 명상	하루 1회 식사		
잠들기 전 바디 스캔	일주일 최소 2회		
서 있거나 이동할 때 호흡과 몸에 마음챙김하기	매일 수시로		
감정챙김 명상 5단계	하루 1회 시도		
마음챙김으로 듣기/말하기	하루 1회 시도		

〈따로 시간을 내어 명상하기〉

마음챙김 실습	계획	실행 여부	결과에 대한 시사점
호흡 명상	주 3회 10분씩 ⇨ 조금씩 시간을 30분까지 늘려감		
생각 마음챙김	주 1회 호흡 명상은 생각 마음챙김으로 병행함		
공감 친절 명상	주 1회 갈등이 있었거나 마음을 편하게 하고 싶을 때		
감정챙김 명상	주 1회 10분씩 집중 연습		

'나'라는 미지의 세계를 발견하기

명상은 '진정한 나'를 찾아가는 여정입니다. 그것은 '기존의 나'와 아름답게 이별하는 과정이기도 합니다. 동시에 나를 진정으로 돌보고 사랑하는 행위이기도 합니다. 외부의 자극과 습관에만 기울이던 주의를 나 자신의 내면으로 돌리는 것이기 때문입니다. 외부에 자동 조종당하던 나를, 스스로 삶을 선택하는 '존엄한 나'로 대우하는 방법이기도 합니다.

뇌과학자들은 말합니다. 우리의 뇌에는 핵심 자아, 또는 본질적 자아를 형성하는 부분이 있다고요. 본질적 자아는 오직 현재의 순간을 지각하고 모든 세계와 분리되지 않고 연결되는… 이 부분을 말로 표현하기 어려운데요, 이렇게 말로 표현하기 어려운 '나'라는 존재의 인식을 담당한다고 합니다. 앞서 질 볼트 테일러 박사도 '나에 대한 고정관념'이 사라지고 온 세상과 연결되는 '지극한 행복', 행복을 넘어선 '안녕한 상태'를 가져다 주는 게 본질적 자아라고 하였습니다.

이렇게 보면, 진정한 행복은 우리 안에 있습니다. 본질적 자아, 즉 '진정한 나'를 찾는 것이 행복입니다. 그런데 '진정한 나'는 사실 '나 없음'입니다. '나'는 견고한 정체성과 고정관념에 갇힌 존재가 아니라, '수많은 나들'로 이루어진 존재이며, 혼자가 아니라 수많은 다른 존재들과 연결되어 있고, 한순간도 똑같지 않고 매순간 변해가는 존재이기 때문입니다.

우리는 마치 생태계처럼 하나의 역동적 시스템입니다. 뇌와 신경, 몸과 감정, 그리고 '여러 나들'이 복합되어 끊임없이 변화하고 있습니다. '나'라는 존재가 하나가 아니라는 사실무아, 無我, Anatta, 그리고 계속하여 변화한다는 사실무상, 無常, Anicca, 정말 멋지지 않나요? 행복은 나 자신을 특정한 실체, 고정된 실체로 바라보지 않을 때 찾아오니까요.

'나'라는 미지의 세계에 마음을 두어 관찰하고 그 작동원리를 찾고 주도적으로 이끄는 것이 바로 '내면의 리더십'이 아닐까요? 마음챙김 명상으로 내면의 리더십을 개발해 보세요. 우리 안의 '진정한 나'가 미소 지으며 행복이라는 선물을 들고 기다리고 있을 것입니다.

수용과 동의 명상

(효과) 수용적 태도, 이해심, 중립적 태도와 공감

명상 실습 내레이션

시 한 편을 명상하며 우리 마음의 공간을 넓혀보도록 하겠습니다. 페르시아의 위대한 시인인 잘랄루딘 루미Jalal ad-Din Rumi의 〈게스트하우스〉라는 시입니다. 마음챙김 기반 스트레스 완화 프로그램에서도, 그리고 다른 많은 치유와 명상 프로그램에서도 이 시를 통한 명상 시간을 갖고 있습니다. 우리의 몸과 마음은 사실 게스트하우스와 같습니다. 슬픔도, 기쁨도, 분노도, 생각도, 기억도, 우리 안에 잠시 머물다 떠나는 손님들입니다. 게스트하우스는 그 손님들이 있기에 존재합니다. 친절로 맞이하고, 머물다, 떠나가게 두는 것. 그것이 잔잔하고 깊은 행복이 아닐까 합니다.

1. 눈을 감습니다. 몸을 인식하며 자세를 바로 해봅니다. 척추를 꼿꼿하게 세우며, 세상 모든 것을 받아들일 수 있다는 느낌으로, 몸의 자세를 취

해봅니다. 얼굴에는 아주 옅은 미소를 지어봅니다. 단단하게 걸어 잠근 몸의 문을, 호흡과 함께 천천히 열어봅니다.

2. 호흡과 함께 몸을 인식해 봅니다. 몸에 긴장된 부분이 없는지, 닫힌 부분이 없는지 찾아봅니다. 들숨과 날숨이 긴장된 몸의 부분으로 드나든다고 상상하며, 천천히 호흡합니다. 그리고 호흡에 마음을 둡니다. 호흡에 중심을 둔 채, 당신의 안쪽을 비워봅니다. 어떤 감정이 들어오든, 어떤 생각이 일어나든, 그대로 관찰할 수 있도록 당신의 내면을 텅 비우고 그대로 바라보기만 합니다.

3. 이제 시 한 편을 읽어드리겠습니다. 페르시아의 위대한 시인 잘랄루딘 루미의 〈게스트하우스〉라는 시입니다. 여러분은 지금부터 게스트하우스가 됩니다.[9]

인간이라는 존재는 게스트하우스와 같다.
매일 아침 새로운 손님이 도착한다.
기쁨, 절망, 슬픔
그리고 약간의 순간적인 깨달음 등이
예기치 않은 방문객처럼 찾아온다.
그 모두를 환영하고 맞아들여라.
설령 그들이 슬픔의 군중이어서

그대의 집을 난폭하게 쓸어가 버리고
가구들을 몽땅 내가더라도
그렇다 해도 각각의 손님을 존중으로 대하라.
그들은 어떤 새로운 기쁨을 주기 위해
그대를 청소하는 것인지도 모르니까.
어두운 생각, 부끄러움, 후회,
그들을 문에서 웃으며 맞이하라.
그리고 그들을 집 안으로 초대하라.
누가 들어오든 감사하게 여기라.
모든 손님은 저 멀리에서 보낸 안내자들이니까.

4. 당신 안에는 지금 어떤 손님들이 있나요? 그들에게 이름을 붙여봅니다. 그리고 주의를 주어, 부드럽게 관찰해 봅니다. 생각도 감정도 잠시 머무는 손님입니다. 생각의 늪에 빠졌거나 주의가 달아나면, 부드럽게 다시 호흡으로 돌리면 됩니다. 다시, 주인의 자리에 앉아 미소를 지으며 손님들을 맞이합니다.

5. 당신 안에서 일어나고 있는 모든 것을 있는 그대로 수용합니다. 그럴 때 당신 안에서 모두가 조화롭게 자리를 찾아갈 수 있습니다.

6. 당신은 그저 호흡의 자리에, 주인의 자리에 서 있을 뿐입니다.

7. 서서히 현재의 공간을 인식해 봅니다. 이제 눈을 뜨면, 내 앞의 모든 것을 받아들일 수 있습니다. 눈을 뜨고, 눈에 보이는 모든 것에 미소를 지어봅니다.

착하지 않아도 괜찮습니다.
절망해도 괜찮습니다.
우리 안에서 벌어지고 있는 모든 것들은, 우리의 행복을 위한 안내자일 뿐입니다.
그저, 나 자신을 있는 그대로 수용하고 지금 모습에 동의하는 것,
그대로 안아주는 것,
그것이 마음챙김입니다.

1 행복한 자세 취하기

자세가 마음 상태와 감정을 만듭니다. 우리가 명상을 할 때 자세를 바로 하는 작업을 먼저 해온 이유입니다. 걸을 때는 걸음을 인식하며, 등과 어깨를 펴고 걸어보세요. 세상이 주는 행복을 맞이하겠다는 기분으로 걷습니다. 앉아 있을 때나 사람들을 만날 때에도, 좀 더 가슴을 펴고 호흡을 깊게 해보세요. '나는 당신을 맞이할 준비가 되었습니다'라며 몸의 느낌을 만들어보세요. 부교감신경을 활성화하여 행복도가 높아집니다. 영국 BBC 방송이 다수의 심리학자들과 함께 한 실험에서는 '거울보고 크게 웃기' 연습만으로도 행복 지수가 크게 향상되었다고 합니다. 뇌 안의 옥시토신이라는 물질이 나와 행복도를 높여줍니다. 무엇보다, 자세는 습관입니다. 몸의 자세에 대한 마음챙김이 행복을 습관화할 수 있습니다.

2 꾸준히 마음챙김 명상하기

무엇보다 중요한 것은 '마음챙김 계획 실천하기'입니다. '일상에서의 마음챙김'과 '따로 시간을 내어 명상하기'로 분리하여 계획을 잡으세요. 그러기 위해서는 목표를 마음챙김하는 것이 중요합니다. '나는 무엇을 위해 명상을 꾸준히 할까?'를 떠올려보고, 그 내용을 적어놓으세요.

'나는 좀 더 업무에 집중력을 키우고 싶다.'

'나는 좀 더 감각 능력을 키우고 싶다.'

'나는 가족들과 함께할 때 더 편안해지고 싶다.'

'나는 업무 스트레스를 줄이고 싶다.'

'좀 더 좋은 대인관계를 갖고 싶다.'

이렇게 여러분들에게 필요한 목표를 정해보세요. 그리고 그에 따라 마음챙김을 위한 명상을 실천하다면 훨씬 더 효과가 클 것입니다.

행복을 잡을 수 없는 이유

"사람들은 행복을 쫓아서 열심히 달립니다. 그런데 행복은 늘 손에 잡히지 않습니다. 왜 그런지 아세요? 사실 행복은 당신의 뒤에서 열심히 당신을 쫓아다니고 있었기 때문입니다. 당신이 너무 빨리 달려, 행복이 당신을 따라 잡을 수 없었던 것입니다."

독일 출신으로 가족 심리 치유의 세계적 거장이자 가족 세우기 치료의 창시자이기도 한 버트 헬링거Bert Hellinger는 이렇게 이야기했습니다.[10]

우리의 마음 안에는 이미 행복이 있습니다. 잠시 멈춰서, 현재의 순간에 마음챙김한다면 뒤따르던 행복이 우리를 잡을 수 있지 않을까요?

미얀마의 깊은 숲속 사원에서 명상 수행을 하던 시절이었습니다. 어느 날 송충이를 닮은 애벌레 떼들이 나타나더니 급기야 명상을 하는 스님과 수행자들의 몸에까지 마구 떨어져 몸을 타고 스멀스멀 기어다니기 일쑤였습니다. 첫 계율이 생명을 해치지 않는 것이니, 그저 마음에서 일어나는 혐오와 두려움을 알아차리고 몸을 기어다니는 벌레의 느낌도 관찰할 수밖에 없었습니다.

그러던 어느 날, 애벌레들이 갑자기 싹 사라져 버렸습니다. 멸종이 온 듯 흔적도 없이. 며칠이 지났을까요, 햇볕이 내리쬐던 오후에 명상 홀에서 명상을 하던 중이었습니다. 어깨 위에 무언가 살포시 내려앉는 느낌이 들었습니다. 그리고 다시 무릎 위에, 손등 위에. 천천히 눈을 떠보니, 예쁜 나비였습니다. 고개를 돌리니 명상 홀에 나비들이 눈처럼 날아다니고 있었습니다.

명상 홀을 나서니, 붉은 옷을 입은 스님들이 함박웃음을 지으며 숨바꼭질하는 아이들처럼 하얀 나비들을 쫓아다니더군요. 마치 행복한 그림같은 풍경이었습니다. 그 많은 애벌레들이 모두 사라진 건, 모두 어딘가에서 고치 안에 들어 있었기 때문이었습니다. 아아, 내 마음의 상처도 아마 애벌레들이 아닐까, 마음의 상처도 두려움도 아픔도 분노도… 모두 보기 싫은 애벌레들이지만, 애벌레들이 있기에 아름다운 나비가 탄생할 수 있지 않을까, 그리고 명상은 그 애벌레들이 고치 안에 있는 과정이 아닐까, 이런 생각을 하며 눈물 흘렸던 날이었습니다.

얼마 전 MBC의 강연 프로그램 〈사색의 공동체 - 스미다〉에 초대를 받았습니다. 그저 평범한 명상 수행자일 뿐인 저이기에 출연을 망설였습니다. 어떤 이야기를 들려주어야 할지도 막막했습니다. 고민을 안은 채 명상을 하던 중 이 기억이 떠올랐습니다. 코로나19 팬데믹이 세계를 휩쓸고 있던 때였죠. 코로나 시대를 살아온 우리 모두는 코로나 블루(우울), 레드(분노), 블랙(무기력), 그리고 타인들에 대한 혐오까지. 어쩌면 바이러스보다 더 치명적일 수 있는 '마음의 바이러스'에 감염되어 가고 있지 않나 싶습니다.

하지만 이 마음의 바이러스들은 아름다운 나비가 될 수 있는 애벌레들이 아닐까, 어쩌면 명상은 고요하게 이 상처들을 보듬고 외부의 침입으로부터 지켜주는 고치가 아닐까. 그리하여 '마음의 백신-마음챙김 명상'이라는 제목으로 사람들을 만났습니다. '마음의 백신'이 필요한 시대에, 이 책이 부족하나마 기여할 수 있기를 바랍니다.

중소벤처기업진흥공단의 김형수 이사님에게 감사를 드립니다. 일자리본부와 연수원을 책임지고 계셨는데, 마음챙김 명상을 삶에서, 조직에서 실천하는 모범을 보여주셨습니다. 강의의 내용과 책의 원고 모두에 있어 많은 가르침을 받았고요. 중소기업 임직원을 위한 '마음챙김 연수원'이라는 씨앗을 심었는데, 부디 아름다운 꽃을 피우길 기원합니다.

서울대학교 인문대학의 김지현 교수님께도 고마움을 드립니다. '명상과 수행'이라는 특별하고 뜻깊은 프로그램에서 학생들의 마음을 만날 수 있었습니다. 열어가려는 '삶과 인문'의 길에 지지와 존경을 드립니다.

처음으로 명상의 깊이를 알게 해주신 보리수 선원의 붓다락키타 스님, 내적 치유와 변화의 길을 열어주신 오쇼 프라바스 공동체의 달마님, 풀라님과 이 길을 함께 걷는 도반들에게도 합장으로 감사를 드립니다.

파트너인 왕상님을 비롯한 시스템 컨스텔레이션Systemic Constellations 협동조합의 멤버들에게 특별한 감사를 전합니다. '내면의 조직'을 다루는 내면 컨스텔레이션 방법론을 한국에 도입한 후, 마음챙김 명상과 결합하여 이를 실험하고 발전시킬 수 있었던 것은 이분들과 함께한 작업들이 있었기에 가능했습니다.

책을 시작하며 말씀드렸지만, 저는 명상을 가르칠 만한 사람이 아닙니다. 그저 수많은 수행자 중 한 명이고, 수많은 스승님과 수행자와 연구자들의 말을 모아 전했을 뿐입니다. 마음챙김 명상은 어느 개인의 발명품이 아닙니다. 2500년 전 붓다Buddha 이전의 붓다, 그 이전의 붓다들에서 시작하여 현대의 수많은 연구자들과 수행자들까지, 모두가 함께 걷고 있는 거대한 길입니다. 조용히 앉아서, 그리고 일상에서 알아차림을 하는 것만으로 그 길에 함께할 수 있습니다. 그 길의 이름은 아마도 행복일 것입니다. 여러분과 함께 걷게 되어 감사하고, 기쁩니다.

2023년 여름이 오는 소리를 들으며

아나타 신상원 드림

미 주

들어가며

1. 보리수 선원(www.borisu.or.kr)의 붓다락키타 스님으로부터 마음챙김 명상의 뿌리인 위파사나 명상을 지도받았다. 처음 몸에 대한 알아차림으로, 자신을 떨어져서 관찰한 그때를 '나의 인생이 송두리째 바뀐 순간'으로 말할 수 있다.
2. 인류학과 신화학에 기반한 '기업문화 오디세이' 시리즈를 수년에 걸쳐 펴냈다. 나는 조직과 기업의 문화에 대한 작업을 '조직에 대한 명상'이라 부르는데, 한 조직의 무의식을 '있는 그대로', '깊이' 관찰하고 치유하는 작업이 핵심이기 때문이다.
3. 실제 미국 시사주간지 《타임》의 2014년 2월 3일 커버스토리가 〈마음챙김 명상 혁명(Mindful Revolution)〉이다. 유사한 내용을 다룬 2003년 커버스토리의 제목 〈명상의 과학(The Science of Meditation)〉과 비교하면, 미국에서 마음챙김 명상이 얼마나 대중화되고 사회와 산업 저변으로 확대되었는지 짐작해 볼 수 있다.
4. 중소벤처기업진흥공단 사이버 연수원에서 무료로 수강할 수 있다. cyber.kosmes.or.kr에서 '마음챙김'을 검색하면 된다. (https://cyber.kosmes.or.kr/com_new/cm/cr/CM_CR0120W_.jsp?TCD001_CRS_DEV_CD=IN10561&TCD001_CRS_TYPE_CD=&-BOOK_YN=N)

1장 - 일과 삶의 주도권 찾기

1. 《MBC 뉴스》, "2030직장인 '나는 타임푸어'…개인 시간 부족", 2019-11-04.
2. *TIME*, The Mindful Revolution, 2014-02-03, by Kate Pickert..
3. 출처: 위키피디아(https://ko.wikipedia.org/wiki/%EC%B0%A9%EC%8B%9C#/media/파일:Duck-Rabbit_illusion.jpg).
4. 엘렌 랭어 지음, 이양원 옮김, 《마음챙김》, 더퀘스트, 2015.
5. 구르지예프(George Ivanovich Gurdjief)는 아르메니아 출신의 사상가이자 명상가, 영적 지도자이다. 그의 사상 체계는 우주와 종교와 인간 모두를 아우를 정도로 방대하며, 오쇼 라즈니쉬(OSHO Rajneesh)는 그를 '인류의 가장 위대한 스승'이라 하였다. 에니어그램(enneagram)의 창시자이며, 중앙아시아에서 고대로부터 전해 내

려오던 신성무(Sacred dance, Gurdjieff movements)라는 명상법을 유럽과 미국에 알리고 전수하였다.

6. 현대인의 스트레스와 정신적 증상들을 완화하기 위해 시작한 이 프로그램은 수많은 참여자와 논문을 통해 그 효과가 입증되어, 2010년에는 미국 내 250개 대학 병원과 종합 병원에서 제공되고 있고, 전 세계에서 수백만 명의 사람들이 일상에서 활용하고 있다.
7. 대니얼 시겔 지음, 백양숙·김지선 옮김, 《마인드풀 브레인》, 메타포커스, 2019. 67쪽, 124쪽.
8. 싱가포르 경영대학에서 칼스버그 사와 모 보험회사에서 9주 동안의 마음챙김 명상 프로그램을 실시하고 효율성을 측정한 결과 직원 만족도, 기억력, 업무 수행력 외에 창의성과 혁신성이 유의미하게 증가하였다.(라스무스 호가드·재클린 카터·질리안 쿠츠 지음, 안희영·김병전 옮김, 《1초의 여유가 멀티태스킹 8시간을 이긴다》, 불광출판사, 2018.)
9. 위스콘신 대학과 매사추세츠 의과대학이 모 생명공학 기업에서 마음챙김 명상 과정을 8주 동안 진행한 후 참가자들을 조사한 결과, 부정적 감정을 회피하지 않고 조절하려는 비율의 향상과 긍정적인 태도 변화가 확인되었다.(Davidson R. J., J. Kabat-Zinn. (2003), Alterations in brains and immune functions produced by mindful meditation, *Psychosomatic Medicine* 65.)
10. 지퍼를 올리면서 척추를 바로 하는 방법은 수잔 카이저 그린랜드의 《마음챙김 놀이》로부터 가져왔다.(수잔 카이저 그린랜드 지음, 이재석 옮김, 《마음챙김 놀이》, 불광출판사, 2018. 34쪽.) 이 책에는 이외에도 스노우볼 관찰(복잡한 생각 가라앉히기), 몸에 앉은 나비 관찰하기(바디 스캔) 등 몸과 마음의 알아차림을 유지하기 위한 방법이 쉽게 놀이 형식으로 제시되어 있고, 필자 역시 여러 강의와 워크숍에서 활용하고 있다.

2장 - 스트레스로부터 안전지대 만들기

1. 《동아닷컴》, "구직자 50%·직장인 62% "공황장애 경험"…가장 흔한 증세는?", 조유경 기자, 2016-04-20.
2. 릭 헨슨·리처드 멘디우스 지음, 장현갑·장주영 옮김, 《붓다 브레인》, 불광출판사,

2010. 272~275쪽.
3. 대니얼 시겔 지음, 백양숙·김지선 옮김, 《마인드풀 브레인》, 메타포커스, 2014. 59~62쪽.
4. 존 카밧진의 〈마음챙김의 7가지 태도〉 중 알아차림의 맥락에 맞게 필자가 다섯 가지로 간추렸다. 그가 말한 태도에는 이외에 인내(Patience)와 신뢰(Trust)가 포함되어 있다. 알아차림의 가장 큰 특성은 '있는 그대로 바라보기', 즉 비판단과 중립성 그리고 개방성과 수용에 있다.
5. 아잔 브라흐마 지음, 류시화 옮김, 《술 취한 코끼리 길들이기》, 이레, 2008.

3장 - 지금 이 순간을 즐기기

1. Daniel N. Stern, *The present moment in psychotherapy and everyday life*, New York: W, W., Norton, 2004.
2. 필자는 이 실습에 기초한 마음챙김 명상으로 청각과민증으로 진단받은 증상을 치유한 경험이 있다. 특정 소리에 너무 민감하다 보니 나중에는 소리에 심리적 반응이 따라오게 되고 이것이 통증으로 체험되는, 굉장히 드물지만, 의외로 많은 사람들이 겪고 있다고 학계에 보고된 증상이었다. 소리에 따라오는 마음의 반응 없이 소리와 통증 자체를 계속하여 관찰하는 과정을 거쳐 이를 자가 치유하였다.
3. 엘렌 랭어 지음, 이양원 옮김, 《마음챙김》, 더퀘스트, 2015.
4. 《마음챙김》(엘렌 랭어 지음, 이양원 옮김, , 더퀘스트, 2015.)의 25주년 기념판 서문 중.
5. 본 두 가지 인식 과정의 도표는 인용처가 없이, 불교 경전과 아비담마, 그리고 여러 마음챙김 연구자들의 '복잡한' 인식론을 단순화하여 필자가 정리한 것이다. 마음놓침 과정이라는 이름은 엘렌 랭어의 책에서 빌려 사용했다.
6. 《배꼽》(오쇼 라즈니쉬 지음, 박상준 엮음, 장원, 1991.)에서 인용, 각색.

4장 - 습관으로부터 자유로워지기

1. 에어플로리다 여객기 사건에 대한 자세한 정보는 'https://namu.wiki'의 '에어 플로리다 90편 추락사고'에서 인용
2. 한국안전심리개발원, 《행동기반안전관리가이드북》, 2017.

3. 크리스토퍼 차브리스·대니얼 사이먼스 지음, 김명철 옮김, 《보이지 않는 고릴라》, 김영사, 2011.
4. Killingsworth, M. A., Gilbert, D. T. (2010). A wandering mind is an unhappy mind. *Science*, 330(6006), 932-932.
5. 정신분석에서는 동일시(identification)라고 하는데, 일단 마음 안에서 동일시가 시작이 되면 관찰 대상이 되기 어렵게 된다. 기본적으로 관찰은 '나 외부의 관찰 대상'이 있어야 하는데, 강하게 동일시가 되면 이미 일체가 된 상태이기 때문에 이것을 알아차리기가 더욱 어렵게 되는 것이다. 엘렌 랭어는 자신이 속한 사회의 범주나 일상적 습관에 강하게 동일시가 되면 마음놓침의 상태에 빠진다고 한다. '거울 속의 나'는 진짜 내가 아님에도 불구하고 동일한 존재로 인식되는 것이다. 오히려 더 쉽게 '나'라고 착각할 수 있기 때문에 자기 관찰이 더 어렵게 된다.
6. 류시화 지음, 《새는 날아가면서 뒤돌아보지 않는다》, 더숲, 2017.

5장 - 멀티태스킹의 피로를 극복하기

1. Charron S., Koechlin E. Divided representation of concurrent goals in the human frontal lobes. *Science*. (2010 Apr). 16;328(5976):360-3. doi: 10.1126/science.1183614. PMID: 20395509.
2. Loh KK., Kanai R. Higher media multi-tasking activity is associated with smaller gray-matter density in the anterior cingulate cortex. *PLoS One*. (2014 Sep) 24;9(9):e106698.
3. Janssen, CP; Gould, SJJ; Li, SYW; Brumby, DR and Cox, AL (2015) Integrating knowledge of multitasking and interruptions across different perspectives and research methods. *International Journal of Human-Computer Studies*, 79 pp. 1-5.
4. Faria Sana, Tina Weston, Nicholas J. Cepeda, Laptop multitasking hinders classroom learning for both users and nearby peers, *Computers&Education*, Volume 62, 2013, pp. 24-31.
5. 대니얼 레비틴 지음, 김성훈 옮김, 《정리하는 뇌》, 와이즈베리, 2015.
6. Lazar S., Kerr C., Wasserman R., et al. (2005), Meditation experience is associated with increased cortical thickness, Neuroreport, 16, pp. 1893-1897.

6장 - 감정에 휩쓸리지 않기

1. 《동아일보》, '찌질한 상사 대신 욕해줍니다….'감정대리' 콘텐츠 인기 이유는….', 2019-03-24.
2. 《KBS》, '앵커의 눈-직장 갑질 만연… 3명 중 1명은 감정 숨긴다', 2018-11-28.
3. 《중앙일보》, '여성 감정 노동자 우울증 위험 2.2배 높아', 2019-01-18.
4. P. D. Ouspensky, *In Search of the Miraculous-The Teachings of G. I. Gurdjieff*, Harcourt, Inc., 2001.
5. 이 표현은 '감성지능(EQ)'으로 유명한 심리학자 대니얼 골먼의 '편도체 납치(Amygdala Hijack)' 개념과 이론에서 빌려왔다.(Daniel Goleman, *The brain and emotional intelligence: New Insights* (2nd edition), More Than Sound, 2011.)
6. MacLean, P. D. (1990), *The Triune Brain in Evolution: Role in Paleocerebral Functions*, New York: Springer.
7. Davidson, R. J., Kabat-Zinn, J., Schumacher, J., Rosenkranz, M., Muller, D., Santorelli, S. F., Urbanowski, F., Harrington, A., Bonus, K., Sheridan, J. F.. Alterations in brain and immune function produced by mindfulness meditation. *Psychosom Med*. 2003 Jul-Aug;65(4): pp. 564-570.

7장 - 복잡한 생각을 정리하기

1. 《정신의학신문》, '번아웃증후군이란? - 번아웃의 개념', 2019-08-31.
2. 《BBC 뉴스 코리아》, '번아웃증후군: 밀레니얼 세대, 그들이 더 이상 노력하지 않는 이유', 2019-02-06.
3. 《아시아경제》, '나를 로그아웃하라', 2019-10-26.
4. 《동아일보》, '매일 자다 깨다 반복…..3050직장인 불면증 원인은 스트레스', 2019-11-17.
5. 대니얼 레비틴 지음, 김성훈 옮김, 《정리하는 뇌》, 와이즈베리, 2015.
6. 마크 윌리엄스·대니 팬맨 지음, 안희영·이재석 옮김, 《8주, 나를 비우는 시간》, 불광출판사, 2013. 178쪽.
7. 관련 내용은 Monfils Memory Lab(텍사스 오스틴 대학)의 홈페이지(https://labs.la.utexas.edu/monfils)를 참고하기 바란다.

8. 대니얼 시겔 지음, 백양숙·김지선 옮김, 《마인드풀 브레인》, 메타포커스, 2014. 248쪽.
9. 우리의 뇌에는 해마라는 부분이 있는데, 단순하게 얘기하면 이곳이 기억의 저장고라고 할 수 있다. 감각 기관을 통해 외부의 자극이 오면 시냅스라는 운반자가 일종의 전기 신호를 전달한다. 신호는 후두엽을 거쳐 해마에게 보내지는데, 해마는 우리 기억의 저장고에 있는 기억 목록과 비교를 한다. 그리고 편도체에 어떤 신호를 보낸다. 투쟁/회피 반응이 시작되는 것이다. 싸울 것인가, 도망갈 것인가! 해마는 편도체가 위협으로 판단한 부정적인 사건들을 미래 생존을 위한 참고 자료로 소중히 저장한다. 이때 해마와 편도체는 협업을 하여 전전두엽에 전기 신호를 보낸다. 사고 능력을 담당하는 일종의 스토리텔러인 전전두엽은 이와 연관한 시뮬레이션을 만들어낸다. 진화심리학에서는 뇌의 이러한 과정은 인간이 외부 위협에서 생존하기 위해 진화한 것이라고 한다. 시뮬레이션을 해야지, 인간은 미래에 대비할 수 있을 테니까.(릭 헨슨·리처드 멘디우스 지음, 장현갑·장주영 옮김, 《붓다 브레인》, 불광출판사, 2010. 74~77쪽의 내용을 요약)
10. 팀 페리스 지음, 박선령·정지현 옮김, 《타이탄의 도구들》, 토네이도, 2017.
11. 이번 실습은 티베트 밀교 수행법 중 '꿈 요가' 기법을 결합하였다. 필자는 인도 다람살라 지역의 Tushita meditation center에서 꿈 요가를 수행한 적이 있다.

8장 - 역할과 정체성의 혼란을 해결하기

1. 이종건·최우혁, 〈역할 스트레스 요인이 개인적 성취 감소와 직무만족에 미치는 영향-마음챙김이 조절 효과〉, 《산업경제연구25》, 2012.
2. 《연합매일신문》, '가정과 직장 사이 갈등 경험… 갈등으로 퇴사까지 고려', 2015-06-25.
3. 박소정·강희경·최수형, 《신입사원의 역할 갈등이 이직 의도에 미치는 영향》, 한국경영학회, 2016.
4. 《CBS 노컷뉴스》, '직장인 절반, 취업 후 오히려 자존감 떨어져', 2016-08-12.
5. 이종건·최우혁, 〈역할 스트레스 요인이 개인적 성취 감소와 직무만족에 미치는 영향-마음챙김이 조절 효과〉, 《산업경제연구25》, 2012.
6. 릭 헨슨·리처드 멘디우스 지음, 장현갑·장주영 옮김, 《붓다 브레인》, 불광출판사,

2010. 116~117쪽.
7. 대니얼 시겔 지음, 백양숙·김지선 옮김, 《마인드풀 브레인》, 메타포커스, 2014. 151쪽.
8. 클라우스 혼·레기나 브릭 지음, 풀라 옮김, 《조직 세우기》, 샨티, 2009.
9. 게오르게 이바노비치 구르지예프 지음, 풀라 옮김, 《놀라운 사람들과의 만남》, 샨티, 2012.
10. 장 폴 사르트르 지음, 정소성 옮김, 《존재와 무》, 동서문화동판, 2009.

9장 - 타인에게 공감하고 친절하기

1. 《서울 뉴스드림》, '직장인 상당수, 직장서 소통 장애', 2017-01-03.
2. Figley, C. R. (2002). Compassion fatigue: Psychotherapists' chronic lack of self care. *Journal of Clnical Psychology*, 58(11), pp. 1433-1441.
3. 《세계일보》, '재난·난민 고통에 공감 안돼…공감 피로에 갇힌 사람들', 2018-08-04.
4. 리치 칼가아드·마이클 말론 지음, 김성남·오유리 옮김, 《팀이 천재를 이긴다》, 틔움출판, 2017.
5. 대니얼 시겔 지음, 백양숙·김지선 옮김, 《마인드풀 브레인》, 메타포커스, 2014. 181쪽.
6. 대니얼 시겔 지음, 위의 책, 173쪽.
7. 차드 멩 탄 지음, 권오열 옮김, 《너의 내면을 검색하라》, 알키, 2012.
8. 수잔 카이저 그린랜드 지음, 이재석 옮김, 《마음챙김 놀이》, 불광출판사, 2018. 85쪽. 이 책에서는 compassion을 '자비'로 번역하였으나, 문맥에 따라 공감으로 사용하였다.
9. 대니얼 시겔, 위의 책, 175쪽.
10. Fredrickson, B. L., Cohn, M. A., Coffey, K. A., Pek, J., Finkel, S. M. Open hearts build lives: positive emotions, induced through loving-kindness meditation, build consequential personal resources. *J Pers Soc Psychol*. 2008;95(5): pp. 1045-1062. doi:10.1037/a0013262
11. The Saron Lab, Intensive meditation training, immune cell telomerase activity, and psychological mediators, *Psychoneuroendocrinology*, Volume 36,

Issue 5, June 2011, pp. 664-681.

12. 본 명상은 자비(metta) 명상을 기초로 하여, 티베트 밀교의 심상화 명상과 버트 헬링거의 가족 세우기(family constellation) 명상을 결합한 형태이다. 개인적으로 지금까지의 워크숍과 코칭에서 많은 사람들에게 큰 효과를 본 명상이다.
13. 《술 취한 코끼리 길들이기》(아잔 브라흐마 지음, 류시화 옮김, 이레, 2008.)의 내용을 각색함.

10장 - 행복의 열쇠 찾기

1. 《중앙일보》, '직장인 직무 만족도 평균 54점…1위는 평균 75점 '이 회사'', 2019-12-12.
2. 최인철 지음, 《굿 라이프》, 21세기북스, 2018. 77쪽.
3. 《TED》, '뇌졸중으로 새로운 사실을 발견한 질 볼트 테일러 박사', 2008, https://www.ted.com/talks/jill_bolte_taylor_my_stroke_of_insight?language=ko#t-1103120
4. Lazar, S. W., Kerr, C. E., Wassweman, R. H., Gray, J. R., Greve, D. N., Tready, M. T., et al. (2005), Meditation experience is associate with increased cortical thickness, *Neuroreport*, 16, 1893-1897.
5. 대니얼 골먼 외 지음, 김효원 옮김, 《HOW TO LIVEHOW LIVE & WORK 1: 마음챙김》, 21세기북스, 2018. 1장 앨렌 랭어와의 인터뷰 중.
6. 대니얼 골먼 외, 위의 책, 4장 대니얼 골먼과의 인터뷰 중.
7. Killingsworth, M. A., & Gilbert, D. T. (2010). A wandering mind is an unhappy mind. *Science*, 330(6006), pp. 932-932.
8. 미하이 칙센트미하이 지음, 최인수 역, 《몰입 Flow》, 한울림, 2004.
9. 시 번역은 《사랑하라 한번도 상처받지 않은 것처럼(류시화 엮음, 오래된 미래, 2005)》을 기초로 하였다. 원래 번역은 '여인숙'이지만, 현실 상황에 맞게 '게스트하우스'로 사용하였다.
10. 버트 헬링거 지음, 요하네스 노이하우저 엮음, 풀라 옮김, 《커플 치유》, 샨티, 2015.

참고문헌

국내서 및 번역서

가나자와 이치로 외 지음, 《뇌와 마음의 구조》, 뉴턴코리아, 2010.
가리야 노부토시 외 지음, 《마음의 병과 치료법》, 뉴턴 하이라이츠, 2017.
가와이 하야오 지음, 김지윤 옮김, 《카를 융 인간의 이해》, 바다출판사, 2018.
가와카미 젠류 지음, 유은경 옮김, 《엘리트 명상》, 불광출판사, 2017.
구가야 아키라 지음, 홍성민 옮김, 《최고의 휴식》, RHK, 2017.
김정빈 지음, 《마음 다스리는 법》, 물병자리, 1999.
대니얼 골먼 외 지음, 김효원 옮김, 《HOW TO LIVE & WORK #1 마음챙김》, 21세기북스, 2017.
대니얼 골먼 지음, 한창호 옮김, 《EQ 감성지능》, 웅진지식하우스, 2008.
대니얼 레비틴 지음, 김성훈 옮김, 《정리하는 뇌》, 와이즈베리, 2015.
대니얼 시겔 지음, 백양숙·김지선 옮김, 《마인드풀 브레인》, 메타포커스, 2019.
대림스님·각묵스님 옮김 및 주해, 《아비담마 길라잡이(상, 하)》, 초기불전연구원, 2002.
라스무스 호가드·재클린 카터·질리안 쿠츠 지음, 안희영·김병전 옮김, 《1초의 여유가 멀티태스킹 8시간을 이긴다》, 불광출판사, 2018.
류시화 엮음, 《지금 알고 있는 걸 그때도 알았더라면》, 열림원, 1998.
류시화 지음, 《새는 날아가면서 뒤돌아보지 않는다》, 더숲, 2017.
리치 칼가아드·마이클 말론 지음, 김성남·오유리 옮김, 《팀이 천재를 이긴다》, 틔움, 2017.
릭 핸슨·리처드 멘디우스 지음, 장현갑·장주영 옮김, 《붓다 브레인》, 불광출판사, 2010.
마크 윌리엄스·대니 펜맨 지음, 안희영·이재석 옮김, 《8주, 나를 비우는 시간》, 불광출판사, 2013.
마티 린스키·알렉산더 그라쇼 지음, 진저티프로젝트출판팀 옮김, 《어댑티브 리더십》, 슬로워크, 2017.
문요한 지음, 《이제 몸을 챙깁니다》, 해냄, 2019.
미하이 칙센트미하이 지음, 최인수 옮김, 《몰입, 미치도록 행복한 나를 만난다》, 한울림, 2004.
빌라야누르 라마찬드란 지음, 이충 옮김, 《뇌는 어떻게 세상을 보는가》, 바다출판사, 2006.
사야도 우 자나카 가르침, 정원 옮김, 《위빠사나 수행》, 보리수선원, 1998.
수잔 카이저 그린랜드 지음, 이재석 옮김, 《마음챙김 놀이》, 불광출판사, 2018.
수잔 카이저 그린랜드 지음, 이재석 옮김, 《마음챙김 놀이》, 불광출판사, 2018.
스티븐 미슨 지음, 윤소영 옮김, 《마음의 역사》, 영림카디널, 2001.
아잔 브라흐마 지음, 류시화 옮김, 《술 취한 코끼리 길들이기》, 이레, 2008.
아트 마크먼·밥 듀크 지음, 이은빈·이성하 옮김, 《뇌는 왜 그렇게 생각할까?》, 글로벌콘텐츠, 2018.
앨렌 랭어 외 지음, 정영은 옮김, 《HOW TO LIVE & WORK 3 : 행복》, 21세기북스, 2018.
엘렌 랭어 지음, 김현철 옮김, 《마음챙김 학습혁명》, 더퀘스트, 2016.
엘렌 랭어 지음, 이양원 옮김, 《마음챙김》, 더퀘스트, 2015.
오쇼 지음, 마 디얀 프라풀라 옮김, 《명상의 길》, 지혜의나무, 2006.
요하임 바우어 지음, 이승은 옮김, 《몸의 기억》, 이지북, 2006.
우 조티카 사야도 지음, 박선영 옮김, 《여름에 내린 눈》, 보리수선원, 2001.
장 폴 사르트르 지음, 정소성 옮김, 《존재와 무》, 동서문화사, 2009.
존 카밧진 지음, 김교헌·김정호·장현갑 옮김, 《마음챙김 명상과 자기치유》, 학지사, 2017.
존 페인 지음, 풀라 옮김, 《가족 세우기》, 샨티, 2008.
존 휘팅턴 지음, 가향순·문현숙·임정희·홍삼열·홍승지 옮김, 《시스템 코칭과 컨스텔레이션》, 한국코칭수퍼비전아카데미, 2022.
차드 멩 탄 지음, 권오열 옮김, 《너의 내면을 검색하라》, 알키, 2012.
최인철 지음, 《굿 라이프》, 21세기북스, 2018.
카를 융 외 지음, 이윤기 옮김, 《인간과 상징》, 열린책들, 1996.
크리스 메이스 지음, 안희영 옮김, 《마음챙김과 정신건강》, 학지사, 2010.
크리스토퍼 차브리스·대니얼 사이먼스 지음, 김명철 옮김, 《보이지 않는 고릴라》, 김영사, 2011.
클라우스 혼·레기나 브릭 지음, 풀라 옮김, 《조직 세우기》, 샨티, 2009.

팀 페리스 지음, 박선령·정지현 옮김, 《타이탄의 도구들》, 토네이도, 2017.
파아욱 또야 사야도 법문, 무념 옮김, 《사마타 그리고 위빠사나》, 보리수선원, 2004.
헤네폴라 구나라타나 가르침, 아난타 옮김, 《선정》, 보리수선원, 2005.
P. D. 우스펜스키 지음, 오성근 옮김, 《위대한 가르침을 찾아서》, 김영사, 2005.

해외 서적

Daniel N. Stern, *The present moment in psychotherapy and everyday life*, New York: W, W., Norton, 2004.

Ellen J. Langer, *Mindfulness*, Hachette Books, 1989.

Klaus P Horn, Regine Brick, *Invisible Dynamics: Systemic Constellations in Organizations and in Business*, Carl-Auer Verlag, 2018.

Lama Yeshe Rinpoche, *Becoming Your Own Therapist*, Lama Yeshe Wisdom Archive Boston, 1998.

P. D. Ouspensky, *In Search of the Miraculous: Fragments of an Unknown Teaching*, Harcourt, Incorporated, 2001.

Tenzin Wangyal Rinpoche, *The Tibetan Yogas of Dream and Sleep*, Motinal Banarsidass Publishers Delhi, 1998.

Thich Naht Hanh, *Teaching of Love*, A full circle book, 2004.

Thich Naht Hanh, *The heart of Buddha's Teaching*, Broadway Books New York, 1998.

Thich Naht Hanh and Dr. Lilian Cheung, *Mindful Eating Mindful Life*, Hay House India, 2010.

해외 논문

Charron S, Koechlin E. Divided representation of concurrent goals in the human frontal lobes. *Science*. 2010 Apr 16;328(5976):360-3. doi: 10.1126/science.1183614. PMID: 20395509.

Davidson R. J., J. Kabat-Zinn, 2003, Alterations in brains and immune functions produced by mindful meditation, *Psychosomatic Medicine* 65.

Faria Sana, Tina Weston, Nicholas J. Cepeda, Laptop multitasking hinders classroom learning for both users and nearby peers, *Computers & Education*, Volume 62, 2013, pp. 24-31.

Figley, C. R. (2002). Compassion fatigue: Psychotherapists' chronic lack of self care. *Journal of Clinical Psychology*, 58(11), pp. 1433-1441.

Fredrickson BL, Cohn MA, Coffey KA, Pek J, Finkel SM. Open hearts build lives: positive emotions, induced through loving-kindness meditation, build consequential personal resources. J Pers Soc Psychol. 2008;95(5):1045-1062. doi:10.1037/a0013262

Janssen, CP; Gould, SJJ; Li, SYW; Brumby, DR and Cox, AL (2015) Integrating knowledge of multitasking and interruptions across different perspectives and research methods. *International Journal of Human-Computer Studies*, 79 pp. 1-5.

Killingsworth, M. A., & Gilbert, D. T.(2010). A wandering mind is an unhappy mind. *Science*, 330(6006), pp. 932-932.

Lazar, S. W., Kerr, C. E., Wassweman, R. H., Gray, J. R., Greve, D. N., Tready, M. T., et al. (2005), Meditation experience is associate with increased cortical thickness, *Neuroreport*, 16, pp. 1893-1897.

Lazar S., Kerr C., Wasserman R., et al. (2005), Meditation experience is associated with increased cortical thickness, *Neuroreport*, 16, pp. 1893-1897.

Loh KK, Kanai R. Higher media multi-tasking activity is associated with smaller gray-matter density in the anterior cingulate cortex. *PLOS One*. 2014 Sep 24;9(9):e106698.

The Saron Lab, Intensive meditation training, immune cell telomerase activity, and psychological mediators, *Psychoneuroendocrinology Volume* 36, Issue 5, June 2011, pp. 664-681.